Dietrich Schäfer

Deutschland zur See

Eine historisch-politische Betrachtung

Dietrich Schäfer

Deutschland zur See

Eine historisch-politische Betrachtung

ISBN/EAN: 9783845720616
Erscheinungsjahr: 2011
Erscheinungsort: Bremen, Deutschland

www.unikum-verlag.de | office@unikum-verlag.de

Dietrich Schäfer

Deutschland zur See

Eine historisch-politische Betrachtung

Deutschland zur See.

Eine historisch-politische Betrachtung

von

Dr. Dietrich Schäfer,

o. ö. Professor
der Geschichte an der Universität
Heidelberg.

Zweite, unveränderte Auflage.

Jena.

Verlag von Gustav Fischer.

1897.

Das Schicksal der jüngsten Flottenvorlage im Reichstage hat Deutschlands Stellung und Aufgaben zur See in den Vordergrund des allgemeinen Interesses gerückt. Die Frage, ob das Reich eine Verstärkung seiner maritimen Streitkräfte bedürfe, wird mit Eifer, ja mit Leidenschaftlichkeit behandelt und Kreisen nahe gebracht, die ihr bisher fern standen. Wer diesen Dingen schon früher seine Aufmerksamkeit zuwandte, kann sich darüber nicht wundern, denn die Flottenfrage ist von weittragender, ja aller Wahrscheinlichkeit nach von ausschlaggebender Bedeutung für unsere Zukunft. Wir stehen an einem Punkte, wo die Wahl des Weges entscheidend wird für die Frage, ob wir Deutsche weiter zu den führenden Völkern der Welt zählen sollen oder nicht. Daß es sich um nichts weniger handelt, und daß diese Frage eine bejahende Antwort nur finden kann, wenn wir unsere Wehrkraft zur See unserer Handels- und Weltstellung entsprechend verstärken, wollen die folgenden Ausführungen zu erweisen suchen.

Sie sind fast durchweg historisch gehalten. In der Behandlung von Tagesfragen, auch wichtigeren, pflegt diese Seite der Behandlung zurückzutreten. Das ist nicht nur erklärlich, dafür lassen sich auch triftige Gründe anführen. Aber gelegentlich wird doch der geschichtliche Rückblick zum unerläßlichen Erfordernis; das „woher und wohin" drängt sich unabweisbar auf. Ein solcher Fall liegt vor in der Flottenfrage. Nur wer sich Klarheit darüber verschafft, welche Bedeutung für die Entwickelung unseres Volkes und Reiches das Meer hatte, wird von fester Grundlage aus ein Urteil darüber abgeben können, welche Stellung zur See Deutschland zu erstreben und zu behaupten hat. Nicht nur in den Argumenten, die für, sondern auch in denen, die gegen eine starke Flotte angeführt werden, tritt dieses Erfordernis auch erkennbar hervor. Für und wider wird vielfach mit Gründen gekämpft, die der Geschichte angehören.

1*

Wer in gelehrtem Berufe steht, entschließt sich schwer, seine wissenschaftliche Arbeit in den unmittelbaren Dienst von Tagesfragen zu stellen. Man wird genötigt, zu wiederholen, was man selbst, was andere gesagt haben; man muß sich in gewisser Beziehung an der Oberfläche der Dinge halten und mit Ausführungen und Begründungen kargen. Das alles, während man sich der klaffenden Lücken der allgemeinen, der noch größeren der eigenen Kenntnis bewußt ist. Gerade die Geschichte des Seehandels, des deutschen, wie des europäischen, ist ein Wissensgebiet, auf dem weite und wichtige Partieen von eigentlicher Forschung noch so gut wie unberührt sind. Aber die entscheidenden Wendungen sind doch klar erkennbar, und es gilt, das Wort zu ergreifen über Dinge, über die mitzusprechen langjährige Studien berechtigen. Ich glaube auch, daß diejenigen nicht ganz unrecht haben, die behaupten, der deutsche Gelehrte sei zu penibel, zu zaghaft, vielleicht zu wissenseitel in der popularisierenden Verwertung seiner Studien. Daß unser Volk für die Bedeutung seiner Stellung zur See noch nicht den Grad von Verständnis zeigt, den es haben sollte und für die Erhaltung und Entwickelung dieser Stellung haben muß, beruht ja zum großen Teil auf seiner Geschichte. Möge es denn vom Standpunkt der Geschichte aus versucht werden, hier zu helfen und aufzuklären.

* * *

Daß Mut und Kraft unserer Altvordern, die das römische Weltreich in Trümmer warfen, auch auf schwankem Kiele sich bethätigten und bewährten, ist eine bekannte Thatsache. Auf jenen scharfen, unübertrefflich seetüchtigen, zu Ruder und Segel geschickten Böten, deren Gestalt uns glückliche Funde bewahrt haben, suchten Franken, Sachsen, Friesen, Angeln die Küsten des Römerreichs heim schon zu einer Zeit, wo ihre binnenländischen Volksgenossen sich noch um die dakischen und rhätisch-germanischen Grenzwälle mühten. „Mit unglaublicher Kühnheit und unverschämtem Glücke“ fanden Franken, die Kaiser Probus an die Ufer des Schwarzen Meeres verpflanzt hatte, auf römischen Schiffen, deren sie sich bemächtigten, plündernd und wüstend den Weg zurück in die niederrheinische Heimat. Nur ein seebeherrschendes Volk konnte sich Englands bemächtigen. Welcher Geist in den altgermanischen Anwohnern unseres Nordmeeres lebendig war, dafür haben wir ein beredtes und unschätzbares Zeugnis in dem zweiten unserer großen Volksepen, in der seeluftdurchwehten Gudrun.

Und doch gewann maritimes Leben für das neu erwachsende Reich, in dem die germanischen Stämme der Mitte Europas ihre Nationalität bewahrten, zunächst keinerlei Bedeutung. Friedlichen Handelsbetrieb hatten die nördlichen Meere überhaupt noch nicht gesehen. Das Wikingertreiben aber zog sich mit den letzten Zuckungen der Völkerwanderung zu den skandinavischen Germanen zurück und suchte eben jene Gestade heim, von denen früher der Schrecken gegen Westen getragen worden war. Ihre Anwohner, die Friesen, hatten die Schiffahrt zwar nicht verlernt, vermochten aber jetzt ihre Küsten und Strommündungen nicht zu verteidigen. Doch waren sie es, die zuerst die Nordsee als Händler befuhren, als die Zeiten sich beruhigten und auch die skandinavischen Stämme seßhaft und christlich geworden waren.

Die Nordsee aber war das einzige Meer, an dem das Deutsche Reich, wie es aus dem Vertrage von Verdun und den lothringischen Erweiterungen der nächsten Jahrzehnte hervorging, ein unmittelbares Interesse hatte. In der Flachküste von der Schelde bis zur Eider mit ihren vielverzweigten Strommündungen und Buchten, ihren Watten und Dünen, Riffen und Bänken, Sänden und Platen besaß es eins der schwierigsten Gestade, das je auf unserm Erdball Ausgangspunkt eines großen Verkehrs geworden ist. Bis ins 12. Jahrhundert kann daher von der Entwickelung eines deutschen Seehandels auch kaum die Rede sein. Die Küstengewässer, das Wattenmeer wurden befahren; man erreichte westwärts England, ostwärts Jütland, in vereinzelter kühner Fahrt einmal die unwirtlichen Gegenden, in denen die Nordsee sich zum Atlantischen Ocean erweitert. Das war alles, entsprach übrigens den Zeitverhältnissen. Denn während an den Gestaden des Mittelmeeres schon Venedig, Pisa und Genua erblühten, wußte der Nordwesten Europas noch nichts von einem Austausch der Völker, der die See wirklich belebt hätte.

Das wurde anders und zumal für Deutschland anders durch Hergänge, die zu den bedeutungsvollsten und folgenreichsten unserer Geschichte gehören, Hergänge, denen wir es vor allen andern verdanken, daß wir heute noch ein Reich und ein Volk sind. Von der Mitte des 12. bis ungefähr zu der des 13. Jahrhunderts vollzogen Deutsche die größte Kolonisation des Mittelalters, die größte, von der die Geschichte, nächst der römischen und amerikanischen, überhaupt zu berichten weiß. Die Ostsee, nach den Stürmen der Völkerwanderung ein skandinavisch-slavisches Binnenmeer, sah an ihren südlichen und südöstlichen Gestaden wieder deutsche Siedelung und deutsche Herrschaft erstehen. Von der Kieler Bucht bis zur Mündung der Narwa, tief im Finnischen Meerbusen, und weit hinein ins Binnenland ward deutsches Volkstum maßgebend. Zu eben der Zeit, wo das staufische Kaisertum um die Vormacht der Christenheit und die Herrschaft in Italien rang, vollbrachten deutsche Fürsten und Ritter, Geistliche, Bürger und Bauern in buntem Zusammenwirken dieses große Werk, dessen Werden im einzelnen wir nur unklar erkennen, dessen rasche und gründliche Vollendung wir aber gar nicht bezweifeln können. Und dabei handelte es sich keineswegs allein um kriegerische Eroberung. Der weitaus größte Teil der germanisierten oder unter deutschen Einfluß gelangten Gebiete ist gewonnen worden ohne einen Schwertschlag, nur durch die Überlegenheit deutscher Arbeit und deutscher Kultur. Slavische Fürsten haben sich vielfach deutschem Wesen angeschlossen und die Germanisierung ihrer Länder gefördert.

Lebensfähige Kolonieen wirken stets befruchtend zurück auf ihr Mutterland. Von unserer mittelalterlichen Siedelungsthätigkeit kann das in ganz hervorragendem Maße behauptet werden. Sie ist die einzige, der wir eine Steigerung unseres p o l i t i s c h e n Könnens verdanken. Auf die Entwickelung unseres wirtschaftlichen Lebens hat sie vor allen anderen Faktoren der Zeit eingewirkt; sie verschaffte uns eine jahrhundertelange Vormachtsstellung auf den nordeuropäischen Gewässern.

* * *

Die Begründung deutscher Stadtgemeinden auf ehemals slavischem, lettichem, esthnischem Boden ist eine Kulturthat ersten Ranges. Von Kiel und Lübeck bis Reval und tieflandeinwärts bis Thorn und Breslau erstanden sie, anknüpfend an ältere Ortschaften fremden Ursprungs, aber ein ganz neues Bürgerwesen herausbildend, die natürlichen Sammelpunkte alles Verkehrs, je nach der Lage für die nähere Umgebung oder für ganze Stromgebiete. Weit über die geschlossenen Grenzen der Germanisierung hinaus, tief hinein in die slavisch-magyarische Welt des Südostens und Ostens, in die skandinavische des Nordens schob deutsches Bürgertum im Verein mit bäuerlichem Wesen seine Vorposten vor, eingesprengt in fremdes Volkstum, überall aber Träger einer höheren Kultur. Von den äußersten Thälern der Karpathen bis zu den Schären und Fjorden Schwedens und Norwegens, von Prag, Krakau und dem siebenbürgischen Kronstadt bis hinauf nach Wisby, Stockholm und Bergen erhielt alles, was Stadt und Bürgertum hieß, mehr oder weniger ein deutsches Gepräge, geriet unter den Einfluß deutscher Anschauungen und deutscher Institutionen. Nie wieder hat deutsche Art in den mittleren Gebieten unseres Erdteils so weitgreifende Anerkennung gefunden.

Auf die Entwickelung der älteren Reichsgebiete hat das einen geradezu staunenswerten Einfluß gehabt. Das Jahrhundert der Kolonisation ist auch das, in dem sich auf dem alten Reichsboden ein wirkliches Städtewesen entwickelt hat, der feste Rahmen gelegt worden ist für Zustände, die sich ein halbes Jahrtausend erhalten haben. Sieht man von denjenigen Bildungen ab, die als Residenzen oder als Mittelpunkte größerer Verwaltungsbezirke später emporgekommen sind, so haben Deutschlands städtische Gemeinwesen mit wenigen, aus den Ortsverhältnissen zu erklärenden Ausnahmen bis gegen die Mitte unseres Jahrhunderts innerhalb des Raumes fortbestanden, den ihnen ihre Stadtmauern schon um 1300 anwiesen. Der Auswanderung, welche die Kolonisationsgebiete füllte, stand, ähnlich wie in unseren Tagen, eine starke Zunahme der heimischen Bevölkerung zur Seite. Zugleich in den alten und in den neuen Gebieten steigerten Siedelung und Rodung und die Eröffnung und Vermehrung gewerblicher Betriebe die Produktion in ungewohnter Weise, und weitgreifende, bisher nicht gekannte Beziehungen begannen die verschiedensten Teile entlegener Gebiete miteinander zu verknüpfen. Flandrische Leute bewohnten die Weichselniederungen, Westfalen fanden sich am ganzen Ostseestrande entlang, mitteldeutsche Franken und Thüringer rodeten in Schlesien und Preußen, mittelrheinische Siedler in den Karpathen und vergaßen in der Fremde der Heimat nicht. Im 13. Jahrhundert beginnt im nordeuropäischen Verkehr der Handel mit Massenartikeln. Hatte der Kaufmann sich bisher auf wenige, aber wertvolle und leicht zu transportierende Gegenstände des Haus- und Kriegsgebrauchs beschränkt, so lernte er jetzt Artikel in den Bereich seiner Thätigkeit ziehen, die nur in größeren Mengen einen Gewinn bringen konnten, die Erträge des Ackerbaus und der Waldwirtschaft, des Bergbaus, der Fischerei und bald auch der Viehzucht. Getreide und Holz, Teer, Pech, Pottasche, Hanf und Flachs, Eisen und Eisenerze, Seesalz, Hering und Stockfisch wurden Handelsartikel, deren Auftreten dem Verkehr einen ganz anderen Charakter giebt. Sie setzen entwickeltere Transportmittel, vor allem zur See, voraus und Gegenden, deren Bevölkerung zu dicht und zu konsumtionskräftig geworden ist, um die Erfordernisse des täglichen Lebens der heimischen Umgebung zu entnehmen. Beides entwickelt sich im nordwestlichen Europa im Laufe des 12. und 13. Jahrhunderts.

Es liegt auf der Hand, daß durch diese Entwickelung besonders die Ostsee gewinnen mußte, ja daß ihre Angliederung an die abendländische Kultur- und Verkehrswelt, wie ihn die Deutschen vollzogen, geradezu Anlaß und Eröffnung der neuen Aera wurde. Eben die genannten Produkte bildeten ja den eigentlichen Reichtum der baltischen Länder. Die Heringsfischerei wurde bis in die erste Hälfte des 13. Jahrhunderts in den Gewässern von Rügen, später im südlichen Teil des Sundes und hier in einer Ausdehnung betrieben, der das Mittelalter nichts Ähnliches an die Seite zu setzen hat. Auch der altgewohnte Handel des Ostens mit Pelzwerk und Wachs nahm durch die neue Besiedelung und den gesteigerten Bedarf des Westens einen ungeahnten Aufschwung. Daß die Produkte des letzteren: die Erzeugnisse des Südens, die Weine Frankreichs und der Rheingebiete, die feinen flandrischen Tuche und andere Ergebnisse eines entwickelteren Gewerbfleißes durch das Aufblühen der baltischen Gebiete einen erweiterten Markt fanden, ist selbstverständlich. Dazu trat als neuer Artikel das jetzt massenhaft verbrauchte Seesalz der Westküste Frankreichs. Die Ostsee ward ein belebtes Meer und im Verkehr der atlantischen Gewässer Europas ein maßgebender Faktor.

Herren ihres Handels aber wurden die an ihren Gestaden neu gegründeten deutschen Städte. Den früheren primitiven Verkehr hatten in erster Linie Skandinavier betrieben, deren Fahrten zu friedlichen und kriegerischen Zwecken nach den Mündungen der großen Ströme der Ost- und Südküste des Baltischen Meeres bekannt sind. In ihm hatte die Insel Gotland wohl schon lange eine hervorragende Rolle gespielt. Ihre beherrschende Lage vor der bevölkertsten Landschaft Schwedens und gegenüber den Eingängen zum bottnischen, finnischen und rigaischen Meerbusen wies ihr zu einer Zeit, wo der Schiffer noch ungern das Land aus dem Gesicht verlor, eine solche Stellung gleichsam von selbst zu. Goten waren es auch gewesen, die am hervorragendsten Platze des Ostens, in Nowgorod an der Wolchow, oberhalb des Ilmensees, zu Handelszwecken eine Niederlassung, einen „Hof", gründeten. In ihrem Hauptorte Wisby, dessen stattliche Kirchenruinen und zinnengekrönte Mauern noch heute deutlich von untergegangener Größe zeugen, stellten sich auch bald Deutsche ein. Sie bildeten neben der gotischen eine deutsche Stadtgemeinde und außerdem noch eine Genossenschaft der deutschen Gotland besuchenden Kaufleute. Wir finden sie bald auf den Bahnen der Goten. In Nowgorod und an der Düna treten sie an ihre Stelle; ihre Führerin, die Travestadt Lübeck, steigt neben und über Wisby empor. Ein Bündnis, das beide Städte 1280 miteinander schließen, dem zwei Jahre später Riga beitritt, läßt die Lage deutlich erkennen. Es stellt sich die Aufgabe, die Ostsee zu befrieden, Kaufmann und Schiffer vor Raub und Plünderung zu bewahren. Die drei Städte sind die Wächter des baltischen Verkehrs. Im Jahre 1293 beschlossen 24 Städte, von Köln bis Reval belegen, daß in Zukunft vom Hofe zu Nowgorod nur noch nach Lübeck appelliert werden solle. Wisby protestierte vergebens. Lübeck stand an der Spitze des Ostseehandels. Es war reichlich ein Jahrhundert, nachdem die Stadt an ihrer jetzigen Stelle gegründet worden war.

* *
*

Lübecks rasches, im Mittelalter beispielloses Emporblühen, die hervorragende Stellung, die es durch fast drei Jahrhunderte hat behaupten können, erklären sich zunächst aus seiner Lage. Am innersten Winkel der Ostsee erbaut, war es für die westfälischen, niedersächsischen, niederrheinischen Leute, die wir als Pfadfinder und Wegweiser im deutschen Ostseehandel erkennen, der bequemste Einschiffungsplatz. Kein anderer hat für die Kolonisation der Ostseeländer in friedlicher wie kriegerischer Expedition entfernt so viel bedeutet wie die Travestadt. Es kam aber nicht allein der Umstand in Betracht, daß sie den Punkt innehatte, an dem man am leichtesten das Ostmeer erreichte. Noch war die Schiffahrt der Nordsee Wattenfahrt, wie sie noch heute die kleinen Fahrzeuge, welche die Verbindung der kleinen ländlichen Verkehrsplätze und ihrer Siele und Tiefe mit den großen Häfen unterhalten, in uralter Weise betreiben. Dem natürlichen östlichen Abschluß dieser Fahrt, dem oberen Teil der Unterelbe, lag kein Ostseeplatz bequemer als Lübeck. Als ein Gegenüber zu diesem kam zunächst Hamburg empor, man möchte sagen, etwa wie in neuerer Zeit Lübeck eine Art Vertreterin Hamburgs an der Ostsee geworden ist. Der ältere Handel zwischen Ost- und Westsee (so und nicht anders nennt der mittelalterliche deutsche Schiffer unsere Nordsee) war Überlandhandel durch Holstein. Erst um die Mitte des 13. Jahrhunderts erfahren wir von sogenannten „Umlandsfahrern", die den Weg um Jütland herum durch die dänischen Gewässer benutzen. Für die meisten wertvolleren, die sogenannten Stapelartikel, ist aber die Verbindung Lübeck-Hamburg durchs ganze Mittelalter maßgebend.

Eine weitverbreitete Vorstellung, die in einem Bündnis der beiden Städte zur Sicherung der Verbindungswege (1241) den Ursprung der Hanse sieht, ist genau genommen nicht stichhaltig, trifft aber ihrem Sinne nach das Richtige. Der Ost-Westseeverkehr über Trave und Elbe ist thatsächlich der Boden, auf dem der Bund der deutschen Städte oder vielmehr ihrer Kaufleute („der gemeine Kaufmann" ist die Bezeichnung, die dem Namen „Hanse" vorangeht und sich neben ihm dauernd behauptet) erwachsen ist. Seit dem 12. Jahrhundert beginnt Brügge zum Handelsemporium des europäischen Nordwestens heranzuwachsen. Unweit des Wulpensandes, wo das Volksepos sich die Wahlstatt der nordischen Seekönige denkt, an der Grenze friesischen und fränkischen Wesens, unter einer überaus betriebsamen und erwerbstüchtigen Bevölkerung und inmitten einer der fruchtbarsten und bestbevölkerten Landschaften Europas begründet, genoß es den Vorteil, durch Schelde, Maas und Rhein mit dem Binnenlande in leichter Verbindung zu stehen, der Küste Englands gegenüber zu liegen und nahe dem Ausgange des Kanals auch für die Fahrt von Westen her leicht erreichbar zu sein. Die Zwitterstellung Flanderns zwischen dem französischen und deutschen Reiche, welche die Bedeutung dieser Grafschaft so wesentlich gehoben hat, trug das Ihre dazu bei, Brügges Emporkommen zu fördern. Engländer und Franzosen, Spanier und Portugiesen, Catalanen, Genuesen, Florentiner und Venetianer, alles, was die Produkte günstigerer Klimate und entwickelteren Gewerbfleißes abzusetzen, gegen die Erzeugnisse des rauheren Nordens und Ostens umzutauschen hatte, sammelte sich hier. Ihre vornehmsten Abnehmer aber waren die deutschen, die hansischen Kaufleute, die durch die in den baltischen Gebieten erworbene Stellung den Handel des Ostens und Nordens beherrschten, die zugleich durch die niederrheinischen, westfälischen, niedersächsischen Bundesglieder Kauf und Verkauf bis weit hinein nach Binnendeutschland in der Hand hatten.

Im Besitz dieses Handels sind die Hansen zur Vormacht in den nordeuropäischen Gewässern geworden und in jene Handelsherrschaft hineingewachsen, die sie in den späteren Jahrhunderten des Mittelalters in diesen Gebieten inne hatten. Hier liegen Beginn und Ursprung ihrer steigenden Kapitalkraft, wie denn in späteren Tagen oft gesagt worden ist, daß aus dem Kontor zu Nowgorod wie aus einem Brunnquell die andern geflossen seien. Im Laufe des 14. Jahrhunderts dringen die Deutschen in fast alle größeren nordeuropäischen Erwerbszweige ein. Die reichen Erträge der schonenschen Heringsfischerei werden um 1400 so gut wie ausschließlich durch ihre Schiffer und Kaufleute dem Westen wie dem Osten zugeführt. Das Gleiche ist mit dem Stockfischfang an den norwegischen Küsten der Fall; die hansische Niederlassung zu Bergen versorgt Europa mit diesem Produkte, weiß die Engländer selbst für den Bedarf des eigenen Landes aus dem Vertriebe hinauszudrängen. Den alt überlieferten, jetzt aber mächtig entwickelten Warenaustausch zwischen Deutschland und England vermitteln sie durch ihren Londoner Stahlhof und wissen die Engländer trotz aller Anstrengungen in den deutschen Städten in engen Grenzen oder ganz fern zu halten. Der blühende Verkehr, der zwischen England und Flandern in Wolle und Tuchen stattfand, ging zum großen Teil durch ihre Hand; so weit flämisches und englisches Gewand nach dem Osten und dem Norden und nach Deutschland selbst wanderte — und das geschah in nicht geringen Mengen —, waren Hansen, die „Osterlinge" der Engländer und Flamen, die Händler. In direkter Fahrt holten sie Wein, Salz und andere Waren aus Westfrankreich und weiter her, nicht nur für eigenen, sondern auch für englischen und andern fremden Bedarf. Neben den großen Hauptkontoren in Nowgorod und Bergen, in Brügge und London haben sie zahlreiche kleinere Niederlassungen, die besonders von einzelnen Städten unterhalten und besucht wurden, in Schweden und Finnland, in Rußland und Litauen, in Dänemark und Norwegen, in England und den Niederlanden und weiter westwärts bis nach Portugal hin begründet. Wo nordwärts von den Säulen des Herkules in europäischen Gewässern überhaupt Handel getrieben ward, da war in den letzten Jahrhunderten des Mittelalters die Hanse dabei und zumeist tonangebend.

Man muß sich dabei gegenwärtig halten, daß diese Gebiete gegenüber denen des Mittelmeeres ein fast völlig getrenntes, in sich abgeschlossenes Handelsgebiet darstellen. Seine Bewohner erscheinen seefahrend gar nicht oder äußerst selten innerhalb der Straße von Gibraltar, während aus dem Mittelmeer in die nordischen Gebiete nie über Brügge hinaus und auch dorthin in erheblicherem Umfange nur von Venetianern und Genuesen gehandelt wird. In den Gewässern, in denen Deutschland allein sich bethätigen konnte, nahm es also durch die Hanse weitaus die erste Stelle ein.

Es ist bemerkt worden, der Verkehr der Hanse sei doch ein recht unerheblicher gewesen, verglichen mit dem unserer Tage. Das ist im ganzen richtig, wenn auch die Frequenz manches Hafens nach Hunderten von Schiffen zählte und manche Ost- oder Westflotte aus hundert und mehr Fahrzeugen bestand, auch Schiffe von mehreren Hunderten von Tonnen nicht selten waren. Aber darauf kommt es nicht an. Auch die Zeit niederländischer und beginnender englischer Handelsgröße steht in den Massen, die Gegenstand des Austausches sind, hinter der unsrigen noch unvergleichlich zurück. Was für unser Urteil maßgebend sein muß, ist, daß es eine Zeit gab — und sie hat vom 13. bis tief ins 16. Jahrhundert gedauert —, wo Deutschland so ziemlich alles, was es ein- oder ausführte, auf eigenen Schiffen und für eigene Rechnung holte oder brachte, und wo seine Kaufleute und Seefahrer vielfach und zum Teil in beherrschender Stellung an Handels- und Schiffahrtsbetrieben beteiligt waren, die ihrer Natur nach Sache anderer Völker gewesen wären, mit einem Worte, wo Deutschland seinen eigenen Handel völlig beherrschte und aus dem Zwischenhandel anderer Länder Europas ganz erheblichen Gewinn zog, wo es also eine Stellung inne hatte, wie sie später Niederländern und Engländern zugefallen ist.

Man hat auch gesagt, daß die Blüte der Hanse den Seestädten allein zu gute gekommen sei, dem Binnenlande wenig genützt habe. Wer in dieser Frage urteilen will, der wird sich zunächst vergegenwärtigen müssen, daß das mittelalterliche Deutsche Reich nicht, wie man vom gegenwärtigen trotz gelegentlicher gegenteiliger Äußerungen denn doch behaupten kann, ein einheitliches Wirtschafts- und Handelsgebiet war. Es schieden sich — und haben sich noch weit über das Mittelalter hinaus geschieden — der Westen (das Rheingebiet), der Süden und Südosten (das Donaugebiet) und der Norden und Nordosten, die weite Ebene vom Rhein bis zur Düna und darüber hinaus bis zum Finnischen Meerbusen. Die Rheingegenden standen mit Norden und Süden in lebhafter Berührung, die letzteren unter sich nur in sehr geringer. Die süddeutschen Städte sahen ihre Aufgabe darin, Oberdeutschland mit den Waren zu versehen, die man aus Italien zu beziehen pflegte, und diese und die eigenen Erzeugnisse ostwärts in die Donau-, Karpathen- und obersten Elbgebiete zu vertreiben. Als die Fugger zu Beginn des 16. Jahrhunderts im Anschluß an ihren ungarischen Bergbetrieb Handel von Danzig nach Antwerpen zu treiben suchten, wurden sie von den Hansen als lästige Eindringlinge bekämpft; daß andererseits hansische Handelsunternehmungen sich über das Rheingebiet und südwärts über das mitteldeutsche Gebirge hinaus erstreckt hätten, ist nur in wenigen Fällen nachweisbar. Aber in den weiten Ländern nördlich dieser Grenzen, die zwei Drittel des gegenwärtigen Deutschen Reichs ausmachen, und in denen Köln, Göttingen, Halle, Breslau, Krakau die äußersten Posten des hansischen Bundes sind, ist die Wirkung der Thatsache, daß Deutsche das Meer beherrschten, in dem Aufblühen der zahlreichen Städte und im steigenden Wohlstand des flachen Landes unverkennbar. Die Acker-, Wald- und Bergprodukte dieser Gebiete, vereinzelt auch die Erzeugnisse ländlicher Hausindustrie, fanden vermehrte Nachfrage im steigenden Bedarf der Städte und gelangten über See nach Skandinavien und England und ganz besonders nach den Niederlanden. Wäre dieser Weg nicht unterbrochen worden, die Pforten zu unserem Hause nicht in fremde Gewalt geraten, Norddeutschland hätte nicht im 19. Jahrhundert da wieder anzufangen brauchen, wo es im 16. stehen blieb.

* * *

Wie war es nun aber möglich, daß einem Kranz von Städten gelang, was dem geschlossenen Reiche von heute wohl stets ein unerreichtes Ziel bleiben wird, daß eine Vereinigung von Bürgern sich emporheben konnte über Königreiche und ganze Nationen? Die entscheidende Antwort auf diese Frage ist allein und ausschließlich zu suchen in den *politischen* Verhältnissen der Zeit.

Die eigentümliche Entwickelung unseres mittelalterlichen Reiches hat seinen einzelnen Territorien die Bahn geebnet für eine Selbständigkeit der Entfaltung, wie sie von andern Ländern Europas nur noch Italien kennt. Als Träger der mittelalterlichen universalen Ideen des Kaisertums und des Papsttums blieben Deutschland und Italien die einzigen Länder, die sich zur Ausgestaltung eines festen nationalen Staatswesens nicht durchzuringen vermochten. Das ist neben den geistlichen und dynastischen Bildungen vor allem doch auch städtischer Entwickelung zu gute gekommen, die sich auf deutschem und italienischem Boden einer Ungebundenheit erfreut hat, welche in andern Ländern nicht möglich war. Die Städte wurden die unbeschränkten Leiter ihrer gesamten Politik. Mittelalterliche Handelsherrschaft und Seegewalt ist Stadtherrschaft im Mittel- wie in den nordischen Meeren, dort Venedig, Pisa, Genua, hier die Hanse. Die geschichtliche Bedeutung dieser Gemeinwesen liegt vor allem darin, daß sie die ersten abendländischen Staaten waren, deren innere wie äußere Politik so gut wie ausschließlich bestimmt wurde durch ihre wirtschaftlichen Interessen. Das machte sie der dynastischen Politik des monarchischen Europa überlegen. Die inneren Streitigkeiten der nordischen Reiche, der jahrhundertelange Gegensatz zwischen Dänemark und Schweden, Dänemarks Zerwürfnisse mit Schleswig-Holstein, Englands Kriege mit Frankreich, seine zahlreichen inneren Zwistigkeiten sind von den Leitern der Hanse so klug wie nachhaltig ausgenutzt worden, um günstige Verträge und wichtige Verkehrsrechte zu erlangen. Gegenüber Königen, die aus dem Geldbedarf nicht herauskamen, war die finanzielle Leistungsfähigkeit der Kaufmannswelt ein gewaltiges Hilfsmittel. Wie später in niederländischen, so sind die englischen Kroninsignien auch in deutschen Händen gewesen, von den nordischen Herrschern zu schweigen. Unter Umständen mußte das Schwert helfen. Ernstere Kriege hat die Hanse, wie alle reinen Handelsstaaten, allerdings nicht gern geführt, eigentlich nur um die Grundlage ihrer Stellung, die Herrschaft in der Ostsee. Sie hat nicht immer glücklich gekämpft, doch aber auch durchschlagende Erfolge errungen. Zwei dänische Könige sind von den Hansen aus ihrem Reiche vertrieben worden. Geschickte Bündnisse halfen mit. Ihre Wehrkraft zur See haben die Städte sorgfältig gepflegt. Während man die geworbenen Landtruppen, Reisige und Landsknechte, schwer meisterte und in Botmäßigkeit erhielt, verfügte man über eine zuverlässige und leistungsfähige Schiffsbemannung, durchweg Bootsleute der eigenen Städte, ausschließlich geführt von städtischen Ratsherren. Gestählt von den Aufgaben, die das Meer stellte, hat sich in den See- und überhaupt in den Hansestädten die kriegerische Kraft des deutschen Bürgertums denn auch viel länger erhalten als in den Reichsstädten des Binnenlandes. Das haben die Kaiserlichen im schmalkaldischen Kriege vor Bremen und Magdeburg, Wallenstein vor Stralsund, der Braunschweiger Herzog mit dem Dänenkönige Christian IV. vor seinem Braunschweig, Schweden, Dänen und Polen vor Bremen, Hamburg und Danzig zu ihrem Schaden erfahren. Es kam hinzu, daß die innere Organisation der Städte auf Vertretung der Verkehrsinteressen zugespitzt war. Im Rat überwog durchaus der Kaufmannsstand; er war zum Teil besetzt mit Männern, die ihre jüngeren Jahre im Auslande, auf den Kontoren zugebracht hatten, die Verhältnisse kannten. Die Darlehen und Geldaufwendungen, die im Getriebe der städtischen Politik eine so bedeutende Rolle spielen, stammen aus diesen und verwandten Kreisen, werden nicht aus dem städtischen, sondern aus Privatsäckeln geleistet, so daß sich das persönliche Interesse mit dem städtischen völlig identifiziert.

Unter der Gunst solcher Verhältnisse und mit solchen Mitteln, Mitteln der Politik, vermochten der städtische deutsche Kaufmann und Schiffer die Meere, die ihre Küsten bespülen, für sich zu gewinnen und ertragreiche Verkehrsbeziehungen anzuknüpfen bis weit in fremde Gebiete hinein. Es ist wunderbar, wie die Fremden, die bis ins 12. und 13. Jahrhundert diese Meere befahren und in deutschen Häfen nachweisbar sind, aus ihnen verschwinden und den Hansen den Platz räumen. Die seegewohnten Skandinavier, vor kurzem noch gefürchtete Wikinger, sehen sich zurückgedrängt auf den Betrieb der Fischerei und eine dürftige Lokalschiffahrt mit winzigen Fahrzeugen. Die Engländer bemühen sich vergebens, im Ostseehandel Raum zu gewinnen und wenigstens den eigenen lebhaften Warenaustausch mit dem Weichselgebiet zu beherrschen; sie bleiben in der Rolle von Geduldeten und müssen aus dem Vertriebe der schonenschen wie norwegischen Fischerei, aus dem Herings- wie Stockfischhandel weichen. Nur die Niederländer behaupten sich neben und mit den Hansen. Sie waren auch Deutsche. Die Städte Gelderns und des Stiftes Utrecht, die sogenannten Süderseeischen, waren Glieder der Hanse, die Bewohner von Seeland, Holland, Friesland dieser zeitweise enge verbunden.

Es ist besonders von ausländischen Historikern behauptet worden, die Hanse habe in fremden Ländern Privilegien erworben über die Rechte der Eingeborenen hinaus. Dem ist nicht so. Das Höchste, was durchgesetzt wurde, war Gleichberechtigung mit den Einheimischen. Aber das genügte, den Deutschen überlegen zu machen. Er hatte den Vorsprung in der Stadtentwickelung; hinter ihm stand eine geschickte und kraftvolle Politik, die unentwegt in friedlichem und kriegerischem Thun seine maritimen und merkantilen Interessen vertrat; so mußte er ein Übergewicht gewinnen über die stammesverwandten Mitbewerber jenseit der Meere. Die deutschen Städte entwickelten sich zu jenen wohlhabenden, blühenden Gemeinwesen, die Macchiavelli und Guicciardini bewunderten, deren monumentale Bauten kirchlichen wie profanen Charakters noch heute ein beredtes Zeugnis ablegen von dem Können und dem Geiste ihrer einstigen Bewohner. Nach bedeutenderen Bauten aus der Zeit vom letzten Drittel des 16. bis zum ersten des 19. Jahrhunderts wird man in den alten Hansestädten, mit vereinzelten Ausnahmen, vergebens suchen. Der Zeit der Blüte folgen Jahrhunderte des Verfalles oder des Stillstandes. Ihr Eintreten und ihren Verlauf zu untersuchen ist noch lehrreicher als den Gründen nachzuforschen nach dem Emporkommen der Hanse.

* * *

Es ist eine alte Weisheit, daß Reiche und Staaten nur erhalten werden können durch die Mittel, durch welche sie emporgebracht sind. Sie bewährt sich an der Geschichte der Hanse und der deutschen Seemacht.

Man ist gewöhnt, den Niedergang der Hanse mit den Ereignissen in Zusammenhang zu bringen, die um die Scheide des Mittelalters und der neueren Zeit dem europäischen Menschen den Blick auf den gesamten Erdball eröffneten. In Wirklichkeit liegen die entscheidenden Ursachen an ganz anderer Stelle.

Von den beiden Hauptergebnissen des Entdeckungszeitalters, der Auffindung des Seewegs nach Ostindien und der Entdeckung Amerikas, hat ersteres zunächst entschieden bedeutender eingewirkt. Der Markt für die reichen indischen Produkte wurde von Venedig und Genua nach Lissabon verlegt. Er lag damit den Völkern des Nordens näher. Sie konnten selbst kommen und einkaufen, was sie bedurften, brauchten die Italiener nicht mehr in Brügge und Antwerpen zu erwarten. Lissabon ward ein von ihnen stark besuchter Handelsplatz. Anders mit der neuen Welt. Sie lieferte zunächst überhaupt keine Artikel, die einen eigentlichen Handel unterhalten konnten. Mit der Eroberung von Mexiko und Peru begann ein bisher unbekannter Zufluß von Edelmetallen; aber sie blieben zunächst in Spanien. Ein neuer Handelszweig entwickelte sich aus den Bedürfnissen der spanischen Kolonisten in Amerika, die für wichtige, zum Teil unentbehrliche Erfordernisse des Lebens noch lange, vielfach dauernd auf die Zufuhr aus Europa angewiesen blieben. Die verkommende Industrie des Mutterlandes vermochte diesen Bedarf bald nicht mehr zu decken. Sevilla, Spaniens einziger erlaubter Handelshafen für Amerika, bezog Erzeugnisse deutschen, niederländischen, englischen Gewerbfleißes. Auch an diesem Verkehr haben sich die Hansen lebhaft beteiligt. Die direkte Fahrt nach Portugal und Spanien nimmt bei ihnen mit dem beginnenden 16. Jahrhundert einen bedeutenden Aufschwung. Mit dem neuen Handel belebt sich auch der alte. Die portugiesischen und spanischen Weine kommen stärker auf neben den französischen. Getreide und die Erfordernisse des Schiffbaus, die die Ostsee in so reicher Fülle lieferte, verschiffte man in Mengen nach Spanien und Portugal und nahm in Setubal und San Lucar Salz, das man bisher nur in der „Baie", südlich der Loire-Mündung, erworben hatte, als Rückfracht. Auch Wolle, Kork, Öl und Südfrüchte werden ausgeführt. Durch das ganze 16. Jahrhundert spielt dieser Betrieb in der deutschen Schiffahrt eine Rolle; für Hamburg betrug er in der ersten Hälfte des 17. noch ein Fünftel des gesamten Verkehrs.

Es wird nun bemerkt, daß außer Spaniern und Portugiesen auch andere europäische Völker in die überseeische Fahrt eingetreten seien, die Hansen hier aber gefehlt hätten. Das ist richtig. Doch ehe man daraus eine Schlußfolgerung zieht, hat man sich zu vergegenwärtigen, in welcher Weise und unter welchen Umständen dieses Eintreten geschehen ist. Franzosen und Engländer haben fast gleichzeitig mit Spaniern und Portugiesen versucht, in Amerika Fuß zu fassen. Was aber für sie noch zu haben war, erschien damals wertlos, und so gaben sie die Versuche bald wieder auf; von dauernden Entwickelungen reicht nur die später so wichtige Neufundländer Fischerei der Franzosen und Engländer ins 16. Jahrhundert zurück. Die Niederländer haben sich in dieser Zeit um Amerika überhaupt nicht bekümmert, ebensowenig die Italiener oder irgend eine andere Nation. Nach Indien ist bis ins letzte Jahrzehnt des 16. Jahrhunderts außer den Portugiesen überhaupt niemand gesegelt. Die erfolgreiche Teilnahme anderer Nationen als der spanischen und portugiesischen an amerikanischer und indischer Schiffahrt und Kolonisation gehört späteren Zeiten, gehört dem 17. und 18. Jahrhundert an. Früher haben sie an den Folgen, welche die Entdeckung Amerikas und die Auffindung des Seewegs nach Ostindien nach sich zogen, in keiner anderen Weise teilgenommen als die deutschen Hansen auch, nämlich in der Form eines verstärkten Verkehrs mit der pyrenäischen Halbinsel.

Und doch läßt sich in eben diesem Verkehr erkennen, daß die Hanse im Niedergang begriffen war. Wäre sie durch das 16. Jahrhundert in der alten Stellung geblieben, so hätte sie auch hier den Meister gespielt. Aber sie wurde in den spanischen und portugiesischen Häfen bald von den Holländern überflügelt, und die Engländer thaten es ihr mindestens gleich. Die Ursachen dieser Wendung aber liegen auf einem ganz anderen Gebiete.

Die Friesen von der Schelde bis gegen den Dollart, die Bewohner der Lande Seeland, Holland und Westfriesland, lassen sich ununterbrochen bis in die Zeiten der Karolinger hinauf als Händler und Seefahrer verfolgen. Es war eine ländliche, fast bäuerliche Bevölkerung, die von Kindesbeinen an mit dem Meere vertraut war. Von 310 holländischen (und zwar allein nordholländischen) Schiffen, die 1531 durch den Sund fuhren, waren nur 38 Amsterdamer! Erst bald darauf ist diese Stadt in Schiffahrt wie Handel rasch zu beherrschender Geltung emporgewachsen. Aus diesen Gebieten scheint auch zuerst die direkte Fahrt in die Ostsee, jedenfalls zu den Fischplätzen des Sundes, unternommen worden zu sein. Noch im 13. Jahrhundert werden sie von Lübeck einer-, von der Ysselstadt Zwolle andererseits als Konkurrenten im Ostseehandel angesehen, denen nicht erlaubt werden könne, in direkter Fahrt nach Gotland zu segeln, wie es den Goten nicht erlaubt werden dürfe, die Westsee zu befahren. Sie sind dann doch in dieser Fahrt geblieben, haben sich auch, im großen Kriege der Hanse gegen Waldemar Atterdag mit dieser verbündet, auf den Märkten Schonens und im dortigen Heringshandel behauptet. Im Laufe des 15. Jahrhunderts wachsen sie mehr und mehr zu gefährlichen Rivalen des hansischen Handels an seiner Nährquelle heran. Ihre Lage vor den Thoren von Brügge und Antwerpen begünstigte sie. Die burgundische Herrschaft, unter die sie dem Namen nach gerieten, hat sie von den utrechtschen und geldernschen Nachbarn schärfer geschieden und ihre Entfremdung von der Hanse beschleunigt. Zu Ende des Mittelalters erschien den Lübeckern und ihren Nachbarstädten von Hamburg bis Stralsund kaum irgend etwas so notwendig als die Ausschließung der Holländer von der Ostsee. Den neuen Königen, die Lübeck 1523 an die Stelle des vertriebenen Christian II. setzte, Friedrich von Schleswig-Holstein in Dänemark und Gustav Wasa in Schweden, legte es die Verpflichtung auf, die Holländer von der Fahrt durch den Sund und von ihren Ländern auszuschließen. Aber die erlangten Zusagen mußten dem Drucke der Interessen weichen; nur durch überlegene Waffengewalt hätte ihre Erfüllung erzwungen werden können. Der verwegene Versuch, den Lübecks revolutionärer Bürgermeister Jürgen Wullenwever in dieser Richtung mit der „Grafenfehde" machte, scheiterte vollständig. Mit der Niederlage der städtischen Flotte vor Svendborg durch die vereinigten Seestreitkräfte Dänemarks, Norwegens, Schwedens, Preußens und der Herzogtümer (1535) sank die hansische Seeherrschaft in Trümmer. Jeder weitere Versuch, die skandinavischen Staaten durch Verträge und Vereinbarungen näher an sich als an die Niederlande zu ketten, mußte als aussichtslos aufgegeben werden. Damit war das gesamte skandinavische und baltische Handelsgebiet den Niederländern zu freier, gleichberechtigter Konkurrenz geöffnet.

* * *

Daß diese Konkurrenz für die Hanse vernichtend wurde, daß sie nicht ein bloßes Zurückdrängen blieb, dafür sind nun wieder allein und ausschließlich politische Hergänge entscheidend gewesen. Eine der wesentlichsten Stützen der deutschen Ostseeherrschaft war seit seiner Begründung der livländische Ordensstaat. Das 16. Jahrhundert sah ihn zu Grabe gehen. Russen und Polen, Dänen und Schweden zankten sich um die Beute. Livlands Fall und eine unglückliche Familienverbindung schufen jenen unheilvollen, früher nie gekannten Gegensatz zwischen Schweden und Polen, der den Moskoviter aus dem innersten Winkel des Finnischen Meerbusens an die offene Ostsee führte. Das deutsche Reich hätte helfen und seinen jahrhundertelangen Besitz verteidigen sollen. Es hat auch nicht an Stimmen gefehlt, die das dringend und laut forderten. Aber das Haus Habsburg hatte hier nichts zu suchen, und wo hätte im 15. und 16. Jahrhundert ein Reichsinteresse kräftige Vertretung gefunden, an dem Österreich nicht für sich beteiligt war. In den Hansestädten ward die drohende Gefahr klar erkannt; aber in den Kampf der nordischen Monarchieen mit eigenen Ansprüchen erfolgreich einzugreifen, dazu fehlte Lübeck und seinen Genossen die Macht. Der Schwede machte sich zum Herrn Esthlands und Revals und hatte nun auf beiden Seiten des Finnischen Meerbusens Fuß gefaßt. Zu Gunsten seines neuen Besitztums, dann um dem verfeindeten Russen die Zufuhr von Waffen und Kriegsbedarf abzuschneiden, verbot er die Fahrt nach Narwa, das seit einiger Zeit Umschlagsplatz des russischen Handels geworden war. Die trotz dieses Verbots im Sommer 1562 erschienenen Schiffe ließ Erich XIV. wegnehmen. Es waren darunter 32 lübische. Sie gab er nicht wieder heraus, während Niederländer, Engländer, Schotten, die ebenfalls die Fahrt unternommen hatten, mit einer kurzen Beschlagnahme davonkamen. Der Schwedenkönig fürchtete die Macht der Stadt nicht mehr, die vor 40 Jahren seinen Vater, den flüchtigen Gustav Wasa, mit ihrem Gelde, ihren Schiffen und Mannschaften auf den schwedischen Thron gesetzt hatte.

Diese Unbill hat die Travestadt veranlaßt, ihren letzten Krieg zu führen, in dem hartnäckiger und blutiger gekämpft worden ist als fast in allen früheren. An der Seite Dänemarks, des alten Gegners, schlug Lübeck gegen Schweden die Seeschlachten des nordischen siebenjährigen Krieges, und seine Bürger und Ratsherren ernteten noch einmal reiche kriegerische Ehren. Im Frieden zu Stettin (1570) ward Lübeck die ungehinderte russische Fahrt zugestanden, ihm auch eine Geldentschädigung zugesagt. Aber von dieser hat es nie etwas erhalten, und die Narwafahrt ward von den Schweden schon im nächsten Jahre wieder verboten. Als Lübecks Schiffe im Sommer 1572 trotzdem erschienen, wurden sie abermals weggenommen. Allein einen neuen Krieg zu beginnen — die Dänen durften ungehindert verkehren —, wäre Selbstmord gewesen. Es blieb nichts übrig als zu dulden.

Allerdings hat man das nicht schweigend gethan. Hätten Tinte und Druckerschwärze und die Geschicklichkeit und Beredsamkeit von Gesandten helfen mögen, die Sachen hätten noch recht werden können. Aber hier ward kein anderer Mund mehr gehört als der eherne der Feuerschlünde. Die wohlerworbenen Rechte der deutschen Kaufleute wurden mit Füßen getreten; die Verträge, in denen sie verbrieft waren, waren nicht mehr das Pergament wert, auf dem sie geschrieben standen. Von allen Seiten brach es über die Hanse herein. Die beiden nordischen Königreiche waren in ihrem Bestande gefestigt; ihre neuen Dynastieen fühlten sich sicher auf ihren Thronen. Die Macht der Krone war, besonders in Schweden, im Steigen begriffen. Hier hatte schon Gustav Wasa sich all der Verpflichtungen entschlagen, die er einst im Drange der Not für die unentbehrliche Hilfe auf sich genommen. Unter ihm und seinen Nachfolgern bis zu Gustav Adolf hin wurde speciell der lübische Handel fast ganz aus dem Reiche verdrängt. In Dänemark hatte Friedrich II. (1559—88), Lübecks Bundesgenosse im siebenjährigen Kriege, noch eine gewisse Rücksicht geübt, obgleich er seine Herrschaft über den Sund auch eigenwillig genug ausnutzte. Sein Sohn und Nachfolger Christian IV., geradezu von Haß erfüllt gegen selbständiges Städtewesen und „Bürgerkönige", räumte auf mit den verbrieften Privilegien, träumte sogar von Unterwerfung deutscher Städte. Dazu kam der Rückgang des schonenschen Heringsfangs gegen die Mitte des Jahrhunderts, das völlige Verschwinden des Fisches aus den Gewässern des Sundes bald darauf. Die Fischereigründe verlegten sich in den Skagerrak und bald hinaus in die offene Nordsee. Allerdings suchte der hansische Kaufmann dem Betriebe zu folgen, aber er mußte an den entlegeneren Plätzen bald das Feld räumen vor Dänen und Norwegern, Holländern und Engländern. Die mittelalterliche deutsche Handelsmacht in den skandinavischen Ländern sank in Trümmer. Teils nahmen die emporsteigenden nordischen Nationen zurück, wozu sie die nächsten waren, teils traten Niederländer und später Engländer in das Geschäft. Nur der unumgängliche Austausch, den das entwickeltere Städteleben, die südlicheren Wohnsitze des deutschen Nachbarn mit sich brachten, blieb bestehen.

Und nicht anders erging es zu gleicher Zeit in England. Bei keinem Volke Europas ist so früh ein nationaler wirtschaftlicher Wille erwacht, wie bei den Angelsachsen. Seit dem 14. Jahrhundert bekämpfte die Richtung auf die See und ihren Erwerb die entgegenstehenden Interessen und suchte Königtum und Parlament für sich zu gewinnen. Als die dynastischen Kämpfe ausgetobt hatten, das Haus der Tudor mit Heinrich VII. und Heinrich VIII. in den Besitz fester königlicher Gewalt gelangt war, stand die Nation entschlossen und gerüstet, am Gewinn des Meeres den Anteil in Anspruch zu nehmen, zudem ihre Lage und ihre Begabung sie vor andern zu berechtigen schien. Seit der Mitte des 16. Jahrhunderts regt sich in England eine ganz ungewöhnliche maritime Unternehmungslust. Nacheinander entstehen die Moskau-, die Ostland-, die Türkei-Kompagnie. Jene eröffnet die ganz neue Archangelfahrt, dringt durch Rußland bis Persien vor; die „Ostländer" bemühen sich, die englische Flagge im Baltischen Meere in Aufnahme zu bringen; die türkische Gesellschaft, von der Mitglieder in den 80er Jahren über Aleppo und Bagdad Indien erreichen, betreibt den Levantehandel. 1553 beginnt die Guineafahrt und bald darauf der englische Negerhandel nach Westindien, dessen Bedeutung wohl genügend das Diktum charakterisiert, Liverpool sei mit Negerschädeln gepflastert. Die Engländer werden die ersten, die den Spaniern in ihre Kolonieen folgen. Jahre bevor der offene Krieg zwischen Spanien und England entbrennt, brandschatzt englische Kaperei die spanische Schiffahrt. Was den Piraten Drake zum Weltumsegler machte, ist bekannt. Der rastlose, projektenreiche Walter Raleigh begann seine amerikanischen Kolonisationsversuche. An der Neufundländer Fischerei gewannen die Engländer einen dauernden Anteil.

Daß ein derartig reger, fast fieberhaft erregter Unternehmungsgeist nicht Halt machen würde vor hansischen Statuten und Urkunden, lag auf der Hand. Seit zwei Jahrhunderten hatten englische Schiffer und Kaufleute die Handelsstellung der Hansen in ihrem Lande bekämpft. Sie hatten mehr als einmal die Regierung zum offenen Kriege zu drängen gesucht. Entscheidende Schritte haben sie auch nach den Tagen der Rose bei ihren Königen lange nicht durchzusetzen vermocht; die Beziehungen, die zwischen dem hansischen Kaufmann und dem Hof bestanden, haben sich als außerordentlich zäh erwiesen. Erst Elisabeth lenkt entschieden in eine andere Bahn. Ihr gebührt das Lob eines überaus feinen Verständnisses für die Seele ihres Volkes, empfänglichsten Mitgefühls für alles, was unter ihren Unterthanen nach Entwickelung und Gestaltung rang. Daß der Drang nach wirtschaftlicher und vor allem maritimer Bethätigung der Volkskräfte alle andern überwog, konnte ihr nicht entgehen, und so willig wie entschieden stellte sie die Kraft der Regierung in den Dienst dieses Strebens. Die Hansen weiter zu schonen, fand sie keinerlei Anlaß. Widerstand, auf den man hätte Rücksicht nehmen müssen, vermochten diese ja nicht zu leisten. So setzte man sich einfach über ihre verbrieften Rechte hinweg. Mitten in ihren Reihen fand man in Hamburg ein Glied, das bereit war, in ausschließlicher Verfolgung des eigenen Interesses den Vorkämpfern des englischen Handels, der Gesellschaft der „wagenden Kaufleute“ (merchant adventurers), in seinen Mauern eine Stätte zu bereiten, eine Haltung, die denn doch nicht ganz die Lobpreisungen verdient, die ihr neuerdings zu teil geworden sind. Der englische Kaufmann gelangte in den ausschließlichen und kaum mehr angefochtenen Besitz des wichtigen, gewinnreichen Tuchhandels bis nach Binnendeutschland hinein und gewann lange vor der Navigationsakte im deutsch-englischen Geschäft eine Stellung, die dasselbe überwiegend in seine Hände legte.

In ihrer Not hat die Hanse am Reich eine Stütze gesucht. Die Seestädte waren in ihren guten Tagen nicht gewohnt, sich viel um Kaiser und Reich zu kümmern. Sie erfüllten die pekuniären oder militärischen Pflichten, die sich aus den Reichstagsverhandlungen ergaben, und behelligten im übrigen Kaiser und Reich nicht mit ihren auswärtigen Angelegenheiten, weil das nutzlos war. Ertrinkende aber greifen nach dem Strohhalm. In ihrer hilflosen Angst gegenüber dem übermächtig andrängenden Auslande versuchte die Hanse, die Führer der Nation für sich mobil zu machen. Ohne Erfolg! Nicht als ob es in Binnendeutschland an jedem Verständnis gefehlt hätte für das, was an der Seekante zu Grunde ging. Kurfürst August von Sachsen selbst, nächst dem Kaiser der einflußreichste deutsche Fürst in der zweiten Hälfte des 16. Jahrhunderts, hat die Auffassung vertreten, daß man in diesen Händeln denn doch nicht ruhig zuschauen dürfe; er fand, daß sie auch seine eigenen Lande angingen. Auch sonst treffen wir vereinzelt auf entschiedene fürstliche und adlige Verfechter der Anschauung, daß Deutschland nicht bestehen könne ohne eine starke Vertretung seiner Verkehrsinteressen zur See. Aber es waren Stimmen in der Wüste. An kaiserlichen und Reichsmandaten hat es allerdings im englischen und im livländischen, im schwedischen wie im dänischen Handel nicht gefehlt. Aber vor denen fürchtete sich kaum noch ein gartender Landsknecht, geschweige denn Elisabeth von England oder ihre Brüder auf den Thronen von Schweden und Dänemark. Nie war ja das Reich politisch eine geringere Macht als in der Zeit von den Husiten bis zum 30jährigen Kriege, und an dieser Reichslosigkeit, an dem gänzlichen Verfall des politischen Könnens der Nation als solcher gingen die deutsche Hanse, der deutsche Handel und die deutsche Seemacht zu Grunde.

So ward den deutschen Städten und deutschem Handel verderblich und verhängnisvoll, was einst ihre Entwickelung begünstigt hatte. Die Freiheit der Bewegung auf dem alten Reichsboden war ihnen zu gute gekommen: jetzt zeigte sich die Kehrseite. Sie entbehrten schmerzlich die Möglichkeit der

Anlehnung an einen starken nationalen Staat. Das Fürstentum hätte diesen Mangel einigermaßen ersetzen können; nach dem 30jährigen Kriege haben Hamburg und Bremen in der Verteidigung ihrer Unabhängigkeit gegen Dänen und Schweden an Brandenburg und Braunschweig-Lüneburg eine Stütze gefunden. Aber im 16. Jahrhundert hat kein Fürst für die Städte eine Hand gerührt. Sie erschienen als fremdartige Bildungen am Körper des Reiches, als lästige Durchbrechungen des landesfürstlichen Prinzips. Die Städte hatten ihre wirtschaftlichen Interessen oft einseitig und engherzig vertreten, zum Schaden des umgebenden Landes alles Gewerbs- und Verkehrsleben in ihren Mauern zu konzentrieren gesucht. Noch war die Zeit, wo man die oberste Aufgabe darin erblickte, sie wieder einzufügen in die Territorien, auf deren Entwickelung nun einmal die Zukunft beruhte. So sah man ihrer Bedrängnis teilnahmlos zu. Die Hanse selbst, von jeher in verschiedene, selten völlig geeinigte Interessengruppen gegliedert, hatte seit den Schlägen in Wullenwevers Tagen fast allen Zusammenhang verloren. So war überall Auflösung, Zersplitterung, nirgends ein Ansatz zu gesunder neuer Machtbildung; denn die an der See gelegenen fürstlichen Territorien waren entfernt nicht imstande, das Erbe der sterbenden Hanse anzutreten. Und das gegenüber der zielbewußten Politik fest gefügter nationaler Staaten! Der Ausgang kann nicht Wunder nehmen.

* * *

An die Stelle der Hansen traten die Niederländer, Leute deutscher Art und deutschen Blutes, die erst jetzt durch ihre glänzende maritime Entwickelung sich völlig vom Reiche löśten. Es ist bemerkt worden, wie sie Boden gewannen im Ostseehandel. Sie bekamen dort höchstens von dem Kelche zu nippen, den die Hansen bis auf die Hefe leeren mußten. Sie waren die Unterthanen der Herren zweier Welten. Wer ihnen im Sund oder in der Ostsee ein Haar krümmte, bekam es mit der spanischen Macht zu thun, die bei gutem Willen zu erhalten Schweden wie Dänemark Anlaß genug hatten. Um die Stimmung des leicht erregbaren Volkes nicht zu verderben, hat die spanische Statthalterschaft sorgfältig Rücksicht genommen auf die Verkehrsinteressen besonders der nördlichen Niederlande; Störungen in der Kornzufuhr aus der Ostsee suchte sie möglichst zu vermeiden. So erstarkten noch unter spanischer Herrschaft diese von jeher betriebsamen Gebiete zum seebeflissensten Lande Europas. Als sie sich dann frei machten, konnten sie fessellos ihren Erwerbsinteressen nachgehen. Man sagt ihnen nach, daß sie Antwerpen hätten in die Hände der Spanier fallen lassen, um eine lästige Konkurrentin los zu werden. Die Stadt hatte, begünstigt vor allem durch ihre unvergleichliche Lage an der tiefsten Strommündung Europas, seit dem Ausgange des 15. Jahrhunderts das stolze Brügge, das in seinem Übermut Kaiser Maximilian selbst gefangen gesetzt hatte, völlig in den Hintergrund gedrängt. „Das allgemeine Magazin von Europa“ nennt sie Bentevoglio. Ihr Fall (1585) schuf den Holländern ungemessene Vorteile, versetzte der Hanse einen neuen, harten Schlag. Noch 1564—68 hatte diese mit schweren Kosten das noch heute stehende, gewaltige „Haus der Osterlinge“ geschaffen, eins der beredtesten Zeugnisse, daß die Hanse sich damals noch lange nicht selbst aufgab, daß es nicht Mangel an Unternehmungsgeist war, was sie zu Grunde richtete. Jetzt trat Amsterdam als Weltmarkt an Antwerpens Stelle. Die deutschen Seestädte waren ihrem gefährlichsten Rivalen in die Hand und preisgegeben.

Die holländische Seeherrschaft hat gleich der hansischen und dadurch abweichend von der englischen so gut wie ausschließlich merkantile Ausbeutung erstrebt. Es gründet sich das nicht in erster Linie auf den überlieferten Geist des Völkleins, sondern vor allem, wie bei der Hanse, auf die Beschränktheit der nationalen und politischen Basis, auf der die erlangte Größte aufgebaut war. In den Niederlanden waren Kaufmann und Schiffer schwer an Unternehmungen heranzubringen, die nicht einen baldigen und sicheren Gewinn in Aussicht stellten. Monarchisches Regiment und adliger Stand, die in England so folgenreich eingegriffen haben, besonders in die koloniale Thätigkeit, kommen für die niederländische Entwickelung wenig oder gar nicht in Betracht. So sind ihnen denn die Engländer auch in den Unternehmungen übers Weltmeer fast überall vorangegangen. Die Holländer folgten erst durch Zwang getrieben. Nach Ostindien fuhren sie, als die Spanier ihnen Lissabon (Portugal ward ja 1580 von Philipp II. unterworfen) nicht nur verboten, sondern auch nach zehnjähriger lässiger Durchführung des Verbots 1594 50 niederländische Schiffe weggenommen hatten. Kurz zuvor hatte die Schließung der spanischen Salzhäfen sie genötigt, den unentbehrlichen Handelsartikel an der afrikanischen Küste zu suchen. Die Erschwerung ihrer Kornzufuhr nach Spanien und Portugal hatte ihre Getreideflotten ins Mittelmeer nach den italienischen Plätzen getrieben. Als dann Philipp III. 1603 alle Einfuhr wie Ausfuhr, die nicht nachweisen konnte, daß sie weder durch Ware noch Schiff mit den Niederländern in Verbindung stehe, mit einem Zuschlagszoll von 30 Prozent belegte, zwang er diese, direkten Verkehr mit den spanischen Kolonieen zu suchen und im Schmuggelhandel die Waren abzusetzen, die sie bisher gewohnt waren

— zum großen Teil aus deutschen Bezugsquellen — für den amerikanischen Bedarf nach Sevilla zu liefern. Durch Jahrzehnte haben die Niederländer einen blühenden und gewinnbringenden Handel mit der Monarchie Philipps II. getrieben, mit der sie um ihre politische Existenz einen Kampf auf Leben und Tod führten. Ihre Regierungsautoritäten duldeten das, weil sie den Gewinn, der so erzielt wurde, höher einschätzten als die Stärkung, die der Gegner erfuhr, und in Spanien sah man lange durch die Finger, weil es sich um Waren handelte, für die man die niederländische Zufuhr schwer entbehren konnte. Dieser ganze, inmitten des Kriegsstandes lange fortgeführte Verkehr aber bewegte sich auf Linien, in denen auch die Hanse, wie wir gesehen haben, noch vertreten war. Da die Anlässe, welche die Niederländer nötigten, ihn in weitere, in transoceanische Bahnen, zu lenken, für die Hanse niemals eingetreten sind, so fehlte für diese durchaus der Anreiz, sich gleichfalls in fremden Erdteilen zu versuchen.

Und nun ist charakteristisch für die Entwickelung der Dinge und ausschlaggebend für ihre Beurteilung, daß für die Niederländer auch nach Eröffnung ihrer ostindischen und amerikanischen Handelsverbindungen der weitaus wichtigste und gewinnbringendste Teil ihres Verkehrs der alte in den europäischen Gewässern blieb. Für jedes einzelne Schiff, daß die ostindische Kompagnie nach dem Osten sandte, gingen 100, ja mehr aus den Niederlanden ins Baltische Meer. Walter Raleigh, der 1603 seinem neuen Könige eine Denkschrift vorlegte über die gewaltigen Handelsleistungen der Holländer und alles nach Kräften ausmalte, um zur Nacheiferung anzureizen, erwähnt den ostindischen Handel überhaupt nicht. Während des ganzen 17. und 18. Jahrhunderts zählen die englischen wie niederländischen Indienfahrer stets nur nach Zehnern. Es ist richtig, daß ein Schiff auf der Ostindienfahrt, trotz der in der Regel mehrjährigen Dauer, einen höheren Gewinn zu erzielen pflegte als im Ostseehandel, daß die dorthin gesandten Schiffe auch durchschnittlich größer waren; der Gesamtwert der beiden Verkehrszweige steht trotzdem außer allem Verhältnis. Noch im Jahre 1666 steckten 3/4 des Kapitals der Amsterdamer Börse im Ostseehandel. Von 1035 Schiffen, die in der Zeit vom 19. Juni bis zum 16. November 1645 durch den Sund gingen (allerdings eine Zeit, in der eine holländische Flotte die Meerenge besetzt hielt), waren 986 Niederländer! Nächst der baltischen Fahrt kam die Heringsfischerei in der Nordsee in Betracht. Man weiß, worauf das Sprichwort Amsterdam gebaut sein läßt. Würde es dem Heringe den Ostseehandel hinzufügen, es wäre buchstäblich wahr. Nach de Witt waren im Heringsfange 1669 über 1000 Schiffe beschäftigt. Dazu kam der Stockfisch- und Walfischfang. Im letzteren (Grönlandsfahrt) wurden 1721 unter 355 Schiffen 251 holländische gezählt (beiläufig: nicht ein einziges englisches! Die Engländer sind in diesem Betriebe nie heimisch geworden). Man berechnet, daß die Niederländer in den Jahren 1676—1721 mit 5886 Schiffen 32 907 Walfische im Werte von 16½ Millionen Pfund Sterling gefangen haben. Die Unzahl Hände, die dieser nordeuropäische Seeverkehr zu Wasser und zu Lande in Thätigkeit setzte, Hände, die fast ausnahmslos unumgänglichem, geringen Schwankungen unterworfenem Verbrauche dienten, gaben dem niederländischen Erwerbsleben jener Tage jenen Charakter unübertroffener Regsamkeit und Ergiebigkeit, den alle Zeitgenossen rühmen. Allein die Zahl der direkt und indirekt von der Fischerei Lebenden giebt de Witt auf 450 000 Personen an. Im Kornhandel, der auf die baltischen Lande basierte, errangen die Niederländer bald eine beherrschende Stellung. Raleigh nennt Amsterdam das Kornmagazin von Europa; es wurde sogar ein Hauptlieferant für Hamburg. De Witt rühmt 1669, daß man seit dem Westfälischen Frieden aus dem spanischen Handel die Engländer und Osterlinge verdrängt habe, daß Spaniens Küste fast nur von niederländischen Schiffen besegelt werde, daß Spanier und Portugiesen für ihre Fahrten nach beiden Indien niederländische Schiffe mieten. Die Ausfuhr der spanischen Wolle kam auch fast ganz in die Hände der Niederländer. In all diesen Betrieben aber handelte es sich um Erwerbszweige, an denen den Deutschen ihr Anteil hätte zufallen *müssen*, wenn sie noch imstande gewesen wären, ihr Recht an der See zu behaupten. Es ist nicht anders, die Niederländer haben sich ihren Wohlstand vor den Thüren Deutschlands und aus Deutschland selbst geholt, auf den Meeren, die Deutschlands Küsten bespülen, auf denen Deutsche einst die Herren gewesen waren, in den Betrieben, durch die Deutschland emporgeblüht war, und die jetzt in den entwickelteren Verhältnissen, bei der allgemeinen Steigerung des internationalen Verkehrs, noch viel reichere Erträge lieferten als früher möglich gewesen.

* * *

Es erheben sich nun immer noch Stimmen, welche, die entscheidende Durchschlagskraft der politischen Entwickelung in diesen Fragen verkennend, für den Rückgang der Hanse andere Dinge verantwortlich machen möchten: Mangel an Unternehmungsgeist, beschränkten Hang am Veralteten. Daß es Hergänge gegeben hat, die so charakterisiert werden können, kann nicht geleugnet werden. Aber wo wären sie nicht zu finden bei einem sinkenden Volke, dem der Boden, aus dem seine Kraft fließt, unter den Füßen schwindet, und das sich nun ängstlich anklammert an alles, was ihm noch fest zu stehen scheint. Leicht ist der Mut unsern Altvordern von der Wasserkante nicht gebrochen worden. Auch in der trübsten Zeit hat sich die Mannhaftigkeit dieser Bevölkerung bewährt. Aber wie konnte sie Erfolg haben?! Wie es Lübeck in der Ostsee erging, ist berichtet worden. Doch war damit die Stadt noch nicht von diesem Meere verdrängt. Die spanisch-englisch-niederländischen Kriege schienen Gelegenheit zu bieten, die hansische Flagge im Verkehr mit Spanien emporzubringen. Das ist redlich versucht worden, mußte aber mißlingen, weil man nicht imstande war, gegen englische und niederländische Kaperei genügenden Schutz zu bieten. Der Deutsche hatte eben nicht mehr die Macht, seine Neutralität zu decken. Hansische, nach Spanien bestimmte Kornflotten wurden von den Engländern weggenommen. Wiederholt haben die Niederländer geradezu versucht, Elbe und Weser zu sperren. Die Dänen sind in diesen Wirren als Neutrale emporgekommen; die Anfänge größeren Seehandels datieren für sie aus ihren spanischen Fahrten mit Ostsee- und Nordlandserzeugnissen. Aber sie waren Herren des Sundes und konnten jede Unbill, die ihnen widerfuhr, besonders an den Niederländern, zehnfach vergelten. Auch unter dem spanischen Kaperhafen Dünkirchen hat vor allem die *hansische* Schiffahrt gelitten. Gern hätte sie sich an der von den Engländern begonnenen Archangelfahrt beteiligt; die Islandsreise hatte sie durch Jahrhunderte betrieben. Aber nur nach langen Streitigkeiten mit den dänischen Königen, die ihren Sundzoll geschädigt glaubten, haben die Engländer die Fahrt durchgesetzt; die Deutschen konnten gar nicht daran denken, sie zu erzwingen, denn jeder derartige Versuch würde sofort die volle Vernichtung ihrer dänisch-norwegischen Handelsstellung zur Folge gehabt haben, und die war zweifellos wichtiger. Den gewohnten Handel nach Island hat ihnen Christian IV. einfach untersagt. Trotzdem ist es ihnen gelungen, an der Ausbeutung der Schätze, die damals zuerst in größerem Umfange den nordatlantischen Gewässern entnommen wurden, einen nicht unerheblichen Anteil zu nehmen. Unter den 355 Schiffen, die 1721 im Walfischfang beschäftigt waren, fanden sich neben 251 niederländischen auch 55 von Hamburg und 24 von Bremen. Die rauhe, schwere „Grönlandsfahrt" ist für die Unterelbe und noch mehr für die Unterweser vom 17. bis ins 19. Jahrhundert ein wichtiger Nahrungszweig gewesen. Als die Engländer 1725 einen abermaligen Versuch machten, sie aufzunehmen, mußten sie sich deutscher Matrosen bedienen. *Nicht Thatkraft und Unternehmungslust fehlten den deutschen Küstenbewohnern, wohl aber der unentbehrliche bewaffnete Schutz, ohne den der Seehandel eines Volkes immer nur in dem Um-*

lange aufkommen kann, den fremde Nationen zu gestatten für gut finden.

Hier liegen auch die Gründe, warum es an jedem Versuche kolonialer Bethätigung seitens der Hansestädte fehlt. Den Engländern und Niederländern folgten im 17. Jahrhundert Franzosen, Dänen und Schweden nach Ost- und Westindien und nach Nordamerika. Daß für den Erfolg hier aber ausschließlich die politisch-militärische Leistungsfähigkeit entscheidend war, beweist die Thatsache, daß nur die drei erstgenannten Nationen namhafte Ergebnisse erzielten, und diese hatten sie in schweren und kostspieligen Kriegen zu verteidigen. Wie hätte der deutsche Kaufmann daran denken können! Er mußte froh sein, wenn er auf dem alten Felde seiner Thätigkeit noch ein dürftiges Plätzchen behauptete. Die kolonialen Versuche des Großen Kurfürsten sind bekannt; sie konnten einem Staatswesen nicht gelingen, das von den unumgänglichen Erfordernissen seiner Festlandspolitik so vollauf in Anspruch genommen war. Frühere Pläne eines Kurländer Herzogs konnten nichts bedeuten. So blieben die begabtesten Kolonisatoren des Erdteils zu einer Zeit, wo das Beste der Welt vergeben wurde, ohne jeglichen Anteil, weil sie keinen Staat besaßen. Das Weltmeer mußten meiden, die sich an Seetüchtigkeit mit allen messen konnten, die auch in ihren traurigsten Zeiten die Meister der Schlachten blieben, weil sie als Volk nichts aufbrachten, das man als eine Wehrkraft zur See hätte bezeichnen können.

Es ist vereinzelt, auch von Seiten, wo man besseres Wissen hätte erwarten können, die ungeheuerliche Behauptung aufgestellt worden — man hört sie von gänzlich Unkundigen gelegentlich noch nachsprechen —, die gegen die Hanse aufsteigenden Konkurrenten, und zumal die Engländer, hätten ihren Sieg einer Art Freihandel zu verdanken. Hugo Grotius hat ja ein mare liberum geschrieben und das Recht indischen Handels im Namen der Freiheit beansprucht. Die Engländer rechtfertigten ihr Eindringen in spanisch-portugiesische Gebiete mit ähnlichen Gründen. Aber wann ist diesen Nationen im 17. und 18. Jahrhundert jemals eingefallen, ein derartiges Recht anzuerkennen, wo sie die Meister waren. Nie hat bei ihnen in maritimen Dingen ein anderer Grundsatz gegolten, als: Recht ist, was gefällt und durchgesetzt werden kann. In diesen Fragen haben sie und andere keine andere Rücksicht gekannt als den eigenen Nutzen. Man hat dem deutschen Kaufmann vorgeworfen, daß er seine mittelalterliche Handelsübermacht gelegentlich brutal mißbraucht habe. Alles, was ihm in dieser Beziehung aufs Kerbholz gesetzt werden kann, ist unschuldiges Kinderspiel gegen die Greuel der Kolonisations-

und Seegeschichte des 17. und 18. Jahrhunderts, einer Zeit, von der man doch zu sagen pflegt, daß sie angefangen habe, der Barbarei des Mittelalters zu entwachsen. Nie ist natürliches Recht schlimmer gebeugt, nie rohe Gewalt offener zur Geltung gebracht worden als in Handels- und Seefragen in der Zeit der holländischen und englischen Meeresherrschaft. Kann es ein größeres völkerrechtliches Monstrum geben als die jahrhundertelange vertragsmäßige Schließung der Schelde? Als Kaiser Karl VI. nach dem spanischen Erbfolgekriege nicht ohne Erfolg von Ostende aus ostindischen Handel zu betreiben versuchte, gerieten Holländer und Engländer in heftige Erregung. Sie beriefen sich auf die Bestimmung des Westfälischen Friedens, daß Spanier nicht nach Ostindien segeln sollten, und behaupteten, sie gelte auch für Belgien, auch nachdem es an Österreich übergegangen sei. Karl VI. mußte das glücklich begonnene Unternehmen nach zehnjährigem Bestehen aufgeben. Daß sämtliche Kolonialmächte ausnahmslos ihre Kolonieen fremdem Verkehr fast hermetisch verschlossen haben, ist bekannt. Keine Macht aber hat brutaler und selbstsüchtiger ihre Seeinteressen vertreten als die Wogenherrscherin Britannia. Die Navigationsakte, diese „charta maritima“ Englands, ist nur ein Glied einer langen Kette von gesetzgeberischen, diplomatischen und kriegerischen Maßnahmen, die sämtlich darauf abzielten, England eine unbestreitbare Seeherrschaft zu sichern. Daß England sich nicht scheute, die eigenen Kolonieen rücksichtslos auszubeuten, daß es sie kaum minder scharf als die Fremden behandelte, wenn sie drohten, ihm Rivalen zu werden, ist eine bekannte Thatsache. Lange sind Schottland, Man, Irland als Ausland behandelt worden. Den Irländern ward erst nach dem nordamerikanischen Freiheitskriege der Handel mit den Kolonieen freigegeben.

Von besonderem Interesse ist, wie England über die Niederlande emporkam. Mit Händen ist es in diesen Hergängen zu greifen, wie für die Stellung im Welthandel nicht wirtschaftliches, sondern politisches und zumal militärisches Können endgültig entscheidend ist. Die Vorteile, welche die insulare Lage für die Einmischung in die kontinentalen Streitigkeiten bot, mußte Englands Machthabern klar werden, sobald sie nur fest auf ihren Thronen saßen. Der hochfahrende Ausspruch Heinrichs VIII.: cui adhaereo praeest hat eine dauernde Gültigkeit bewiesen. Der jahrhundertelange Gegensatz der Häuser Habsburg und Bourbon, erst Spaniens, dann Österreichs gegen Frankreich, hat seine Bethätigung erleichtert. Nach dem Verluste Calais' sind Englands Herrscher klug genug gewesen, nie mehr Festlandsbesitz zu erstreben. Was ihnen aus ihrer Teilnahme an den europäischen Kriegen als Beute zufiel, wurde in Handelsverträgen, in maritimen Rechten und Kolonialbesitz angelegt. Die Nation drängte mit Ungestüm in diese Richtung, und jede Politik, die, mit welchen Mitteln auch immer, sie einschlug, war ihrer freudigen Zustimmung sicher. Allerdings ist der Weg Englands zu seinem Ziele kein direkter, kein gleichmäßig aufsteigender gewesen. Es hat — Dank der Entwickelung seiner monarchischen Einrichtungen — mehr und stärkere Rückschläge erfahren als die Niederlande. Nach dem glänzenden Aufschwunge unter Elisabeth folgten schwere Zeiten unter den beiden ersten Stuarts. 1625 wanderten die Kronkleinodien noch einmal um 300 000 Pfund nach den Niederlanden. Der englische Handel machte kaum Fortschritte, ging vielleicht zurück. Eine Darlegung von 1615 berechnet für den Verkehr mit dem Mittelmeer 50 Schiffe, nach Portugal und Sevilla 20, Bordeaux 60, an die deutsche und niederländische Nordseeküste 35, in die Ostsee 30, nach Norwegen 5 Schiffe, verschwindende Zahlen gegen den gleichzeitigen Betrieb der Niederländer; nur in Newcastles Steinkohlentransport und in der isländischen und Neufundländer Fischerei zählen die Schiffe nach Hunderten. Aber mit dem Protektor wird das anders. Die Navigationsakte von 1651, das endlich erreichte Ziel eines jahrhundertelangen Strebens, war vor allem gegen die Holländer gerichtet, sollte ihren auf allen Meeren eingenisteten Zwischenhandel treffen. Sehr richtig sagt Anderson hundert Jahre später: Ohne sie würde man jetzt vierzig holländische Schiffe gegen ein englisches in den amerikanischen Kolonieen sehen. Den Krieg, der über die Akte entbrannte, führten die Engländer glücklich, besonders durch ihre großen Schiffe, denen die Holländer gleich starke nicht entgegenzusetzen hatten. Diese mußten sich fügen. Erst nach einem zweiten blutigen Kriege, in welchem de Ruiter über die Flotten des leichtfertigen Karl II. Erfolge errang, ward ihnen im Frieden von Breda (1667) zugestanden, daß Waren, die den Rhein herunter nach Dordrecht gebracht seien, als holländische Produkte angesehen wurden. Aber gleichzeitig mußten sie neuerdings die Verpflichtung auf sich nehmen, in allen Gewässern zwischen Norwegen und der Bretagne ihre Schiffe vor den englischen das Topsegel streichen zu lassen. Die unter dem Losungswort Freiheit der Meere gegen die Spanier emporkamen, die dem Könige von Dänemark ein besonderes Anrecht auf die Nordlandsgewässer bestritten, entblödeten sich nicht, ein Herrenrecht auf die der eigenen Insel angrenzenden Meere gegen die Niederländer in Anspruch zu nehmen und durchzusetzen. Dem Eroberungszuge Ludwigs XIV. gegen die Niederlande sich anzuschließen, ward England vor allem durch Handelsneid veranlaßt. Mit Mühe erwehrten sich die Staaten des übermächtigen Angriffs. Wenngleich sie ihn mit Ehren bestanden, so hat er doch ihre Blüte geknickt. In England bestand fortdauernd gegen die

Niederlande die Gesinnung, welcher der Großkanzler 1673 im Parlament mit: Carthaginem esse delendam Ausdruck gab. Der holländische Handel ging noch nicht zurück; es ist fraglich, ob das im 18. Jahrhundert überhaupt in erheblichem Maße geschehen ist; aber er machte auch keine Fortschritte, während die englische Kriegs- wie Kauffahrteiflotte sich sogar unter den beiden letzten Stuarts verdoppelte. Die Verbindung Hollands mit England unter einem Herrscher ist jedenfalls der Entwickelung der niederländischen Kriegsflotte nicht zugute gekommen; Wilhelm III. suchte in den Niederlanden besonders die Landmacht zu entwickeln, während er in England die Flotte förderte. In den ersten Jahrzehnten des 18. Jahrhunderts ist Amsterdam von London überholt worden; um dieselbe Zeit dringt der englische Handel einerseits stark in der Ostsee, andererseits in Spanien vor. Von 1004 Schiffen, die 1734 in Cadix einliefen, waren 596 englische und nur 147 holländische. Von Petersburg gingen 1749 70 Prozent der Ausfuhr nach England, 35 Prozent der Einfuhr kamen von dort. Die englische Ausfuhr nach Rußland stieg von 1702 bis 1780 fast aufs Zehnfache, von $2^1/_2$ auf 23 Millionen Mark. Die letzten Kriege gegen Ludwig XIV., die England und Holland gemeinsam führten, und in der England schon die Rolle des Riesen spielte, der sich den Zwerg zum Kampfgenossen genommen hat, haben seine Präponderanz mächtig gefördert. Die englische Kriegsflotte überflügelte die holländische vollständig; von 1660 bis 1715 stieg sie fast auf das Dreifache, von 62000 auf 167000 Tonnen, während diese kaum den alten Stand behauptete. Selbst in Friedenszeiten hatte das auf die Entwickelung des Handels einen ganz direkten Einfluß. Die Engländer vermochten ihren Handelsflotten viel stärkere Geleite (Convois) mitzugeben, die fast durchs ganze 18. Jahrhundert unentbehrlich blieben. Sie bekamen dadurch im Frachtgeschäft einen weiten Vorsprung vor den Schiffen aller anderen Nationen. Auf nicht convoyierte Schiffe Versicherungen abzuschließen, war schwer. So wuchsen die Engländer im Laufe des vorigen Jahrhunderts zur seebeherrschenden Nation heran. Unmittelbar nach Ablauf des amerikanischen Krieges erreichte die britische Flotte (ohne Irland und die Kolonieen) die erste Million an Tonnenzahl. Gleichzeitig belief sich der Verkehr der Häfen des Königreichs auf weit über zwei Millionen Tonnen, von denen vier Fünftel britisch, Zahlen, welche auch die glänzendsten niederländischen Zeiten weit hinter sich zurückließen. Am längsten haben sich die Holländer am Ausgangspunkte ihres Welthandels, im Ostseeverkehr, behauptet; sie blieben dort überlegen, bis sie unters französische Joch gerieten. Die Thatsache, daß England ein Hauptprodukt dieser Gebiete, Schiffsbauartikel, auch aus seinen nordamerikanischen Kolonieen beziehen konnte und thatsächlich bezog, besonders seitdem Schweden sich 1703 weigerte, die Ausfuhr von Teer und Pech auf englischen Schiffen zu gestatten, verzögerte das Emporkommen. Als 1857 der Sundzoll abgelöst wurde, war England aber achtmal so stark beteiligt als die Niederlande, so daß sich auch hier das Verhältnis hergestellt hat, das zu dem Ausspruch Anlaß gab, das Auftreten einer Flagge im Sund und der Ostsee sei ein Gradmesser für ihre Bedeutung im Weltverkehr. Die Zugänge zur Ostsee sind ja noch heute die befahrensten Meeresstraßen der Welt.

* * *

Es genügt hier eine beiläufige Erwähnung, daß neben Holland und England auch Frankreich eine Rolle spielte. Seit Ludwig XIV. und Colbert hat es wiederholt den Gedanken fassen können, England in maritimen und kolonialen Dingen den Rang abzulaufen. Der siebenjährige Krieg und gründlicher die Jahre der Revolution und des Kaiserreiches räumten mit diesen Versuchen auf. Deutschland lag während dieser Zeit am Boden, war dazu verurteilt, sich von allen nördlichen und westlichen Nachbarn, ganz besonders aber von Holland und England, ausbeuten zu lassen. Und das war die Nation, die noch im 16. Jahrhundert die wohlhabendste Europas gewesen war. Dem durch die Hugenottenkriege heimgesuchten Frankreich war das damalige Deutschland an Volkszahl und Wohlstand überlegen; England konnte in diesen Punkten mit Deutschland im 16. Jahrhundert nicht in Vergleich gestellt werden. Nicht Mangel an Mitteln, an wirtschaftlichen Kräften war es, was Deutschland im 16. Jahrhundert zu teilnamloser Unthätigkeit in den Fragen des Erdteils verdammte, sondern seine vollständige politische Zerrissenheit. Der Dreißigjährige Krieg enthüllte den Abgrund, an dem man inmitten prunkvollen Wohllebens gestanden hatte, und dessen Vorhandensein die gedankenlose Beschränktheit einer in roher Völlerei, in protzender Kunstpflege, in engherzigster Spießbürgerei versimpelten Zeit kaum ahnte. Als die grauenvolle Heimsuchung vorüber war, fanden sich die Mündungen der großen deutschen Ströme und Deutschlands beste Häfen in den Händen der Fremden; die Meere, die seine Küsten bespülten, gehörten ihnen. Was von den Engländern einst „deutscher Ocean" benannt worden war, war jetzt ein Zankapfel zwischen diesen und den Holländern, und die Herrscher Dänemarks und Schwedens stritten sich um das dominium eben des Meeres, das durch die Deutschen der europäischen Geschichte und abendländischem Verkehr gewonnen worden war.

Nur noch geduldet erschienen die Deutschen auf diesen Gewässern. Sobald die Seemächte in Zwist gerieten — und wann war Ruhe zwischen Dänen und Schweden, Spaniern, Franzosen, Engländern und Niederländern! — war der deutsche Kauffahrer der Willkür schutzlos preisgegeben. 1690, nach Beginn des zweiten Reichskrieges gegen Ludwig XIV., ließ Wilhelm III., der Verbündete des Kaisers, die Schiffe der Hansestädte, der Dänen und Schweden im Kanal wegnehmen. Dänen und Schweden erhielten ihr Eigentum zurück, die Hansestädte nicht. Wiederholt hat der Fremde sich direkt vor die neutralen deutschen Ströme und Häfen gelegt und sie gesperrt. 1716 besetzten die Russen Travemünde. Im nächsten Jahre legte sich eine dänische Fregatte vor den dortigen Leuchtturm und untersuchte alle Schiffe, ob sie für Schweden geladen seien; das währte bis 1720. 1762 ward Travemünde abermals von den Dänen besetzt. In ähnlicher Weise war Lübeck schon von Christian IV. auf seinen eigensten Gewässern vergewaltigt worden. Elbe und Weser wissen Entsprechendes zu berichten. Es ist eine lange, empörende Leidensgeschichte. Wenn je die Hanse ihre Übermacht gemißbraucht hatte, es ward ihr jetzt mit Wucherzinsen heimgezahlt. Die fremden Mächte dehnten ihre Handelsverbindungen bis tief ins Binnenland aus. Die Niederlande monopolisierten den gesamten Rheinhandel; sie lieferten alle Produkte und kauften alle Waren bis hinauf gegen die Grenzen der Eidgenossenschaft. Die Rheinstädte verödeten. Köln war trotz seiner unvergleichlichen Lage 1800 nur noch ein Schatten von dem, was es 250 Jahre früher gewesen war. Dazu kamen die freundnachbarlichen Territorial- und Hoheitsstreitigkeiten aller Art. Bremen ward das Joch des Elsfleter, Hamburg das des Stader und Glückstädter Zolles auferlegt. Was Zoll- und Stapelansprüche für den binnenländischen Verkehr bedeuteten, ist bekannt. Als das Herzogtum Bremen braunschweig-lüneburgisch geworden war, verfügte seine Königl. Großbritannische Majestät als Herr ihrer Erblande, daß englische Schiffe vom Stader Zoll befreit sein sollten. So konnten deutsche Landesherren die Fremden gegen ihre eigenen Landsleute begünstigen, während Hamburg und Bremen es als eine besondere Gnade anzusehen hatten, daß England ihnen gestattete, in Milderung der Navigationsakte als „ihre" Waren auch deutsche einzuführen. Die „schlechteste aller Landstraßen" nennt der hochverdiente, klar blickende Hamburger Historiker Wurm noch 1839 den Weg zwischen Hamburg und Lübeck, und doch war er einer der verkehrsreichsten Deutschlands. Die dänisch-holsteinische Regierung hat redlich das Ihre gethan, um die Verbindung der beiden Städte durch Straße und Stecknitz-Kanal zu stören und den Transit auf ihr Gebiet und in ihre Häfen zu drängen. Die Geschichte der Lübeck-Buchener Eisenbahnverbindung lieferte dazu noch in den vierziger Jahren unseres Jahrhunderts ein lehrreiches Nachspiel. Daß sich unter diesem Druck von den verschiedensten Seiten deutscher Seeverkehr nicht entwickeln konnte, braucht kaum noch bemerkt zu werden. Der Stand unserer Kenntnisse gestattet uns leider nicht, ein ziffernmäßiges Bild zu entwerfen, aber darüber kann kein Zweifel sein, daß wir an Geltung zur See auch von kleineren Nationen, von den Dänen z. B., überflügelt wurden, und daß die Bahnen, in denen sich deutscher Betrieb bewegte, bis ungefähr um die Mitte des vorigen Jahrhunderts hin engere und engere wurden. So befanden sich unter 1004 nichtspanischen Schiffen, die 1734 in Cadix einliefen, 596 englische, 228 französische, 147 holländische, 14 dänische, 13 schwedische, dagegen nur 2 deutsche, je eins von Lübeck und Hamburg, im Jahre 1759 unter 602 kein deutsches, 1761 unter 494 ebenfalls kein deutsches, dagegen 41 dänische. Dazwischen hat es allerdings günstigere Jahre gegeben, aber die deutsche Flagge ist zweifellos gegenüber ihrer Bedeutung in der ersten Hälfte des 17. Jahrhunderts stark zurückgegangen. Danzig war der erste Exportplatz für Ostseeartikel, und doch sandte es im 18. Jahrhundert nur alljährlich 2—3 eigene Schiffe in direkter Fahrt nach Spanien, wohin die Hälfte seiner gesamten Getreideausfuhr von 50—60 000 Lasten ging.

Nicht ganz hineinzupassen in dieses Gesamtbild scheint Hamburgs unleugbares Wachstum im 17. und 18. Jahrhundert. Die Stadt ist in den Jahrzehnten vor dem Dreißigjährigen Kriege in eine neue Bahn der Entwickelung eingetreten. Sie hat mächtig gewonnen durch die Einwanderung flüchtiger Niederländer, besonders vertriebener Antwerpener Kauf- und Gewerbsleute. Daß sie sich entschloß, die englischen „wagenden Kaufleute“ bei sich aufzunehmen und den Gegensatz zur Hanse nicht scheute, hat sie auch gefördert. An Kapital und Unternehmungsgeist überflügelte sie andere deutsche Seestädte. Daß sie aber alle andere in weitem Abstande hinter sich lassen konnte, das hat sie doch in erster Linie ihrer bevorzugten Lage zu danken. Als Friedrich der Große durch Wiederausgraben des Magdeburger Stapelrechts den Stromverkehr gleichsam halbierte, war ihr Wohlstand schon zu fest begründet, als daß er bedenklich hätte erschüttert werden können. Durch geschickte Anknüpfung von Beziehungen zu Frankreich war sie ein Hauptfaktor im Vertriebe der französischen Kolonialprodukte, besonders des Zuckers, geworden, der im vorigen Jahrhundert nirgends so reichlich erzeugt wurde wie in Frankreichs westindischen Besitzungen. Hamburg hat sich in diesem Artikel schon damals zum ersten Markt des Kontinents emporgeschwungen. Aber wer in dieser Entwickelung, die Hamburg zeitweise zur größten und glänzendsten Stadt Deutschlands machte, etwas anderes sehen wollte als einen Beleg, was eine kluge und zähe Handelspolitik auch unter den denkbar ungünstigsten Bedingungen zu erreichen vermag, würde gewaltig in die Irre gehen. Wenn man die Verhältnisse vergleichend überblickt, drängt sich einem immer wieder der Ausruf auf die Lippen: Was hätte aus dieser Stadt und ihrem Hinterlande schon vor 100 und 200 Jahren werden können, wenn beide gleich England oder Frankreich von einem handelspolitischen Willen gelenkt worden wären. Der thätige Vorsteher der Hamburger Kommerzbibliothek hat seinen früheren verdienstvollen Arbeiten soeben eine neue: „Die Hansestädte und die Barbaresken" hinzugefügt, eine jener wertvollen Specialuntersuchungen, die für weitere Kreise ungeschrieben zu bleiben pflegen, und die doch in ihrer nackten Thatsächlichkeit so belehrend und überzeugend wirken wie nur je die glänzendste Deduktion. Hamburg wird hinausgedrängt aus der Mittelmehrfahrt, weil es den mit Algier abgeschlossenen Vertrag nicht aufrecht erhalten kann gegen Spaniens Opposition, die Dänemark siegreich überwindet. Den Vertrag selbst erlangt es nur, weil es von Frankreich gefördert wird. Nur der Thatsache, daß Portugal mit den Barbaresken im Kriegszustande war und vor der Straße von Gibraltar kreuzen ließ, verdankte, wie Büsch berichtet, Hamburg die Möglichkeit, seit den 50er Jahren des vorigen Jahrhunderts seine Schiffe noch bis Lissabon gehen zu lassen. 1709 verbot die portugiesische Regierung den Hamburgern, von Portugal nach Brasilien zu fahren, obgleich ihnen dieses Recht vertragsmäßig eingeräumt war; Holländer und Engländer durften die Fahrt fortsetzen. Die Hamburger ärgerten sich, daß sie „deterioris conditionis als andere nationes gehalten wurden", konnten aber nichts machen. Als 1693 das schottische Parlament eine selbständige Kolonisation Indiens plante und Hamburger Kaufleute Aktien zeichneten, drohte die englische Regierung dem Hamburger Rate, er „möge prekaviren, daß ein Unglück von Partikulieren und der Stadt abgewendet würde". Die Kaufleute waren sehr aufgebracht über diese Einmischung, meinten, „auf diese Art könne man sie von aller Handlung abbringen", zogen aber doch ihre Zeichnungen zurück. Immer und immer wieder wird man auf den einen Punkt zurückgeführt: Der vorhandenen wirtschaftlichen Kraft fehlt die politische, die militärische Vertretung, sie zu decken und ihre Entwickelung zu sichern. „Das Ende vom Liede war immer dasselbe: Gedrängt von den großen Mächten und erfüllt von der Furcht, auch noch das bischen Handel zu verlieren, das in den ‚geschwinden Kriegsläuften' kümmerlich durchgeschleppt war, mußten die

Hansestädter nachgeben und die Hoffnung, durch koloniale Expeditionen ihre Lage zu verbessern, schwinden lassen," sagt Baasch in seiner Geschichte der Handelsbeziehungen zwischen Hamburg und Amerika. In dieser Lage gerieten die Hansestädter vollständig in die Art von Politik hinein, die Gustav Adolf an den Bremern, welche in dem ängstlichen Bemühen, ihren Bergenhandel zu bewahren, die Gefahren übersahen, mit denen Christians IV. Pläne auf Weser und Elbe sie bedrohten, mit den Worten charakterisiert: „Sie seind zu Stockfischen geworden."

* * *

Die Farben unserer Flagge, die aus der preußischen und der alten hansischen erwachsen ist, sind eine dauernde Erinnerung an den Weg, der aus diesen trüben Zeiten wieder in lichtere hinaufgeführt hat. Preußens Emporsteigen und die neue Blüte der Hansestädte durch den transoceanischen Verkehr sind die Wahrzeichen der neuen Entwickelung.

Die Gesundung der politischen Verhältnisse Deutschlands im Anschluß an die Erhebung Preußens zur Großmacht ist auch bald dem Seeverkehr zu gute gekommen. Friedrich Wilhelm I. hatte die Odermündung wieder deutsch gemacht. Friedrich der Große versuchte Handelsgesellschaften zu gründen und war in jeder Weise bemüht, Handel und Schiffahrt seiner Staaten zu heben. Allerdings hatten die Gesellschaften nur teilweisen oder gar keinen Erfolg; auch war ausländisches, englisches und holländisches, Kapital in ihnen stark vertreten; dann hatten des Königs Bestrebungen überhaupt einen fast durchweg monopolistischen Charakter. Gleichwohl ist er es doch gewesen, der Preußen eingeführt hat in die Reihe der seefahrenden Mächte. Die preußische Schiffahrt hat sich in der zweiten Hälfte des vorigen Jahrhunderts bedeutend gehoben. Stettin und Königsberg haben sich zu Plätzen entwickelt, die nicht nur neben Danzig und Riga genannt werden konnten, sondern diese überflügelten; Memel, Elbing, Kolberg belebten sich wieder. Unter den 1649 deutschen Schiffen, die 1792 durch den Sund gingen, waren 737 preußische, lübische nur 86, ein Beleg für den Wandel der Zeiten. Preußen ward später, nach den schweren Schädigungen der französischen Zeit, auch die erste Macht, die sich mit Erfolg der englischen Navigationsakte widersetzte und im Schiffahrtsvertrage von 1824 die volle Gleichberechtigung der beiden Flaggen durchsetzte. Sie gab dadurch Anlaß, daß England im nächsten Jahre auch gegen die Hansestädte mildere Seiten aufzog. Huskisson, der Präsident des Handelsamts, der liberalen Anschauungen zuneigte, erteilte diesen das nach Lage der Dinge denn doch zweifelhafte Lob, daß sie stets liberal gegen den englischen Handel gewesen seien, nie Repressalien versucht hätten, daß man ihnen daher nicht versagen könne, was man andern gewähre. Damit ward die deutsche Reederei von einer lähmenden Fessel befreit. Für Gesamtdeutschland lassen sich schwer Ziffern aufstellen, aber die Reederei Bremens z. B. stieg von 15300 Registertonnen in 1825 auf 117500 in 1854, Hamburgs von 26000 in 1837 auf 179000 in 1865, Oldenburgs von 5400 in 1835 auf 45400 in 1871, Meklenburgs von 39600 in 1836 auf 101700 in 1871, Preußens von 1825—1865 von 75 auf 270000, also durchschnittlich eine Steigerung auf das 4—5fache in 30—40 Jahren! Die Handelsflotte Großbritanniens hob sich von 1825—1865 von 2329000 auf 5760000 Tonnen (1 Tonne gleich etwa 3/4 Registertonnen), von 1825 bis 1837 hat sie sich überhaupt nicht vermehrt. Im Zusammenhange damit, wenn auch natürlich überwiegend hervorgerufen durch den Übergang Englands zum Freihandel einerseits, die Entstehung des deutschen Zollvereins andererseits, steht die Zunahme des Warenaustausches zwischen England und Deutschland. Wenn man von Ägypten absieht, so hat sich in den Jahren 1840—1870 Englands Ausfuhr nach keinem Lande so gehoben wie nach dem Zollverein, nämlich aufs Zwölffache, von 219000 Pfund (4380000 Mark) auf 2939000 Pfund (58780000 Mark). Die Ausfuhr nach den Hansestädten stieg gleichzeitig von 5286000 Pfund (105720000 Mark) auf 16899000 Pfund (337980000 Mark), die nach Gesamtdeutschland von 5583000 Pfund (111660000 Mark) auf 20243000 Pfund (404860000 Mark). Außer der Ausfuhr nach Ägypten übertraf nur die nach den Vereinigten Staaten jene nach Deutschland.

Wenn nun das Emporwachsen Preußens zu einer Macht von europäischer Bedeutung, die Vereinigung weiter deutscher Küstenstriche, wie sie in dieser Ausdehnung noch niemals von einem deutschen Staate beherrscht worden waren, unter seinem Scepter, dann die wirtschaftliche Einigung Deutschlands, die dieser Staat im Zollverein herbeiführte, den schlaffen Segeln deutschen Seelebens wieder einen erfrischenden Wind zuführten, so wurden sie recht zu voller Fahrt geschwellt durch die tiefgreifenden Umwälzungen, die sich seit einem Jahrhundert jenseit des Oceans vollzogen haben. Als vor einigen Jahren anläßlich der Columbusfeier die geschichtlichen Beziehungen Deutschlands zu Amerika Gegenstand allgemeineren Interesses wurden, da drang auch in weitere

Kreise die bisher nur einzelnen Unterrichteten geläufige Kunde, daß diese Beziehungen eigentlich erst mit der Loslösung der Union vom Mutterlande beginnen. Früher haben deutsche Schiffe (besonders Hamburger) nur ganz vereinzelt in den fremden Kolonieen Zutritt erlangt, am meisten noch in der ersten Hälfte des 17. Jahrhunderts und wieder nach dem siebenjährigen Kriege in Brasilien, seltener in Westindien, ganz verschwindend in Nordamerika. In den letzten Jahren des amerikanischen Freiheitskrieges entwickelte sich ein reger Verkehr mit Westindien, weil Frankreich und Holland als Teilnehmer am Kriege ihre Kolonieen den neutralen Flaggen öffneten; doch verschwand derselbe nach dem Friedensschlusse bald wieder. Mit dem Frühling 1783 aber begann der Handel nach den Vereinigten Staaten und zwar zugleich von der Weser und der Elbe aus. In den achtziger Jahren sollen an der Weser, wo die Reederei lange jener an der Elbe ebenbürtig, wiederholt auch überlegen gewesen ist, alljährlich nicht weniger als 30 Schiffe gebaut worden sein. Zeitweise trat sogar eine Überspekulation ein. Die Ausfuhr der Vereinigten Staaten nach den Hansestädten stieg von 426269 Dollars in 1790/1791 auf 17 Millionen in 1798/1799, um dann allerdings rasch wieder zu sinken und in der Zeit der Kontinentalsperre ganz zu verschwinden. Die Jahre von der französischen Eroberung Hollands und vom Baseler Frieden bis zum Ende des Jahrhunderts sind glänzende gewesen in der Hamburger und Bremer Handelsgeschichte. Die Städte wurden die Niederlagsplätze der Kolonialwaren der kriegenden Mächte, und der Sekretär der Hamburger Kommerzdeputation konnte 1798 schreiben: „Hamburg ist jetzt im Besitz des Kredits des ganzen handelnden Europa; es ist im Begriff, sich denselben auch für die übrige Welt zu verschaffen." Seine Weissagung ward kläglich zu Schanden. Die ungesunde Herrlichkeit versank in die Nacht des allgemeinen Elends, das über das Vaterland hereinbrach, und kaum eine deutsche Stadt hat es schlimmer als Hamburg am eigenen Leibe fühlen müssen, was es für ein Gemeinwesen heißt, reich aber vaterlandslos zu sein.

Nur allmählich hat sich nach den Notjahren der Verkehr mit den Vereinigten Staaten wieder belebt. Von Ende Februar 1808 bis zum 17. Mai 1815 war kein Schiff von dort in Hamburgs Hafen angekommen. Erst 1832 erreichte die Tonnenzahl der in den Vereinigten Staaten anlangenden hanseständtischen Schiffe wieder die Ziffer von 1799, um dann allerdings rasch zu steigen. Dabei vollzog sich aber ein bemerkenswerter Umschwung. Die Amerikaner waren, als sie sich vom Mutterlande lösten, im Besitz eines trefflichen Schiffsmaterials, dessen Konkurrenz den Engländern schon in kolonialen

Zeiten Sorge gemacht hatte. Ihre Handelsflotte hat sich denn auch völlig parallel mit der britischen, ja schneller als diese, weiter entwickelt. Im Anfange des Jahrhunderts erreichte ihre Tonnenzahl die Million, um in der zweiten Hälfte der fünfziger Jahre die des vereinigten Königreichs mit 5 Millionen und mehr nicht unerheblich zu übertreffen, vom Bürgerkriege an aber rasch und dauernd zu sinken. Im deutsch-amerikanischen Verkehr ist sie schon in den dreißiger Jahren von den Deutschen geschlagen worden. Von 1826 bis 1830 fuhren zwischen Bremen und der Union noch zu $^5/_7$ amerikanische, $^2/_7$ bremische Schiffe, 1831—1835 zu $^4/_7$ bremische, $^3/_7$ amerikanische, 1836 bis 1840 machten diese nur noch $^1/_5$, 1868 $^1/_6$ aus. Nach 1888 ward nur noch einmal ein amerikanisches Schiff in Bremens Hafen gesehen (1895). Vom gesamten Verkehr zwischen Bremen und den Vereinigten Staaten in beiden Richtungen vollzog sich 1896 nicht weniger als 78 Prozent auf deutschen Schiffen. Ähnlich an anderen Plätzen. Im deutsch-amerikanischen Verkehr ist die amerikanische Flagge ausgemerzt; auch andere Fremde spielen in ihm nur noch eine geringe Rolle.

Und dieser Verkehr hat sich in ungeahnter Weise entwickelt. Allerdings nicht ohne Schwierigkeiten. Einer Einfuhr von über 52 Millionen Dollar aus den Vereinigten Staaten in den Jahren 1795—1801 stand nur eine Ausfuhr von den Hansestädten dorthin von noch nicht $7^1/_2$ Millionen gegenüber. Es erwies sich trotz der lange fortdauernden politischen Animosität doch nicht als leicht, England aus dem überlieferten Markte zu verdrängen. Erst in den vierziger Jahren wurden die Verkehrsziffern der letzten Jahre des vorigen Jahrhunderts wieder erreicht, jetzt aber unter günstigerem Verhältnis der Ausfuhr zur Einfuhr. Einzeln war die Bilanz sogar zu Gunsten der Hansestädte. Eine mächtige Förderung gewährte die starke deutsche Auswanderung, für die Bremen der früheste Einschiffungsplatz gewesen und der vornehmste geblieben ist. Sie ermöglichte billige Rückfrachten, und sie ist es besonders gewesen, die im Verkehr mit den Vereinigten Staaten Bremen ein dauerndes Übergewicht über Hamburg verschafft hat. Die zahlreichen Beziehungen, die sie zwischen Deutschland und der Union knüpfte, haben auch gewaltig beigetragen zur Hebung der deutschen Ausfuhr dorthin. Es ist kein bloßer Zufall, daß die erste kontinentale Dampferverbindung mit den Vereinigten Staaten von einem deutschen Hafen ausging. Im Februar 1846 schloß Bremen einen Postvertrag mit dem Generalpostmeister der Union und im nächsten Jahre ward die Dampferlinie Newyork-Bremerhafen eröffnet. Hamburg folgte bald nach. Seitdem hat dieser Verkehr riesenhafte Dimensionen angenommen. Von 1891—1895 hatte der jährliche Warenaustausch in und aus dem freien Verkehr Deutschlands einen durchschnittlichen Wert von 853 Millionen Mark; unter den Einfuhrländern stand Amerika an vierter, für die Ausfuhr an dritter Stelle. Allein mit Großbritannien unterhält die Union einen noch lebhafteren Verkehr als mit uns; Frankreich haben wir seit 1870 überholt. Gerade aber der deutsch-amerikanische Verkehr, in dem im großen und ganzen der freie Wettbewerb gewaltet hat, kann zeigen, was der Deutsche als Kaufmann und Seefahrer unter den Nationen zu leisten vermag, wenn Wind und Sonne gleich verteilt sind.

Wie für die Vereinigten Staaten, so bedeutete auch für die ehemaligen spanischen und portugiesischen Kolonieen ihre Loslösung vom Mutterlande die Öffnung für den europäischen Verkehr. Ihre Befreiung begrüßte 1822 der Präses des „Ehrbaren Kaufmanns" in Hamburg mit der Erklärung: „Hamburg hat Kolonieen erhalten." Die Hansestädte gehörten zu den Ersten, die in die neuen Bahnen einlenkten und ihre Stellung durch Verträge zu sichern suchten. Auch hier fehlte es nicht an Schwierigkeiten und Rückschlägen, aber ein mächtiger Handel hat sich trotzdem entwickelt. Von 1891—1895 stellte Deutschlands jährlicher Warenaustausch mit diesen Ländern in und aus dem freien Verkehr einen durchschnittlichen Wert von 591 Millionen Mark dar. Die deutsche Flagge behauptet in den meisten ihrer Häfen den Platz unmittelbar nach der englischen, vereinzelt vor dieser. Die deutsche Ausfuhr dorthin betrug 1891 149, 1895 aber 214 Millionen Mark. Für Hamburg hat dieser Verkehr eine wesentlich größere Bedeutung gehabt als der mit den Vereinigten Staaten, während Bremen lange Zeit fast nur den letzteren pflegte.

Noch jüngeren Ursprungs sind Deutschlands Handelsbeziehungen zu Ostindien, Australien, Ostasien. Bis in die fünfziger Jahre unseres Jahrhunderts hinein gelangten deutsche Schiffe nur ausnahmsweise in jene Gebiete. Seitdem aber haben sie sich dort rasch gemehrt. Überall in den Haupthafenplätzen des Indischen und Stillen Oceans folgt unsere Flagge unmittelbar der englischen; die amerikanische, die ihr zeitweilig den Rang ablaufen zu wollen schien, ist ganz zurückgetreten. In Hongkong, einem der verkehrsreichsten Häfen der Welt, erschienen 1889 neben 2614 britischen Schiffen 712 deutsche, dagegen nur 73 französische, 60 amerikanische. Unter den 146 nichtasiatischen Schiffen, die 1830 in Kanton verkehrten, befanden sich 71 englische, 25 nordamerikanische, 26 spanische, 11 portugiesische u. s. w., aber nicht ein einziges deutsches. Deutschlands Warenverkehr mit diesen Gebieten repräsentierte in den Jahren 1891—1895 durchschnittlich einen Wert von 447 Millionen, und zwar in durchaus aufsteigender Tendenz von 369, 399, 467, 471, 527 Millionen in den aufeinander folgenden Jahren. Auch unser Warenaustausch mit Afrika bewegt sich in aufsteigender Richtung, von 85 Millionen Mark in 1891 auf 119 Millionen in 1895, durchschnittlich rund 100 Millionen in den letzten fünf Jahren. Weit über zwei Milliarden tauschen wir alljährlich mit außereuropäischen Ländern aus!

* * *

So sind wir spät, aber rasch auf dem Weltmeere heimisch geworden. Die meisten seefahrenden Nationen Europas hatten einen Vorsprung von Jahrhunderten. Die im Westen erfreuen sich einer günstigeren Lage zum Ocean und genießen den Vorteil eines umfassenden und einträglichen Kolonialbesitzes, wie wir ihn uns mühsam zu schaffen suchen. Gleichwohl haben wir eine Stellung errungen, die nicht nur eine achtbare, die eine ausgezeichnete geworden ist. Allein England übertrifft uns noch im Umfange des alljährlichen Warenaustausches; Frankreich haben wir längst, die Vereinigten Staaten in den letzten Jahren überholt. Auch England befindet sich mit seinen 14 gegen unsere 8 Milliarden keineswegs in einem unausgleichbaren Vorsprung. In Hamburg besitzen wir den ersten Handelsplatz des europäischen Kontinents und so ziemlich den zweiten der gesamten Welt. Unsere Ostseestädte sind neu aufgeblüht. Beherrschen sie mit ihren Schiffen und ihrem Handel die See vor ihren Thoren auch nicht in dem Sinne wie einst die in ihrer Mitte entstandene Hanse, so behaupten sie doch durchaus den unserer Küstentwickelung und unserem Besitz entsprechenden Platz. Stettin steht keinem baltischen Hafen nach und scheint sich zur ersten Handelsstadt der Ostsee entwickeln zu wollen. Unsere Handelsflotte ist mächtig gewachsen. Lange waren ihr die amerikanische und die norwegische überlegen. Aber jene sieht sich ausschließlich auf die heimischen Gewässer zurückgedrängt, erscheint kaum noch in der Fremde. Diese, noch heute an Schiffs- und Tonnenzahl der deutschen voraus, steht ihr doch im Verkehrswert um mehr als eine Million Registertonnen nach wegen der ungleich größeren Zahl von Dampfschiffen, über welche die deutsche Flotte verfügt. Um ungefähr den gleichen Betrag steht Frankreichs Handelsmarine hinter der deutschen zurück. Den Verkehr zwischen unseren eigenen Häfen beherrschen wir so gut wie vollständig; nicht 10 Prozent werden da von fremden Schiffen besorgt. In den Verbindungen mit dem Auslande stehen allerdings noch über 53 Prozent fremder Schiffe in Betrieb, aber auch hier gewinnen wir langsam Boden. 1844 waren z. B. die im Hamburg-Altonaer Hafen in überseeischer und in der Küstenfahrt verkehrenden Schiffe nur zu 28 % deutsche, zu 35 % englische, 1895 zu 43,7 bzw. 46,8 %, wenn man allein die beladenen rechnet zu 49,3 bzw. 45 %. Wenn die britische Flotte auch immer noch sechs- bis siebenmal so stark als die unsere ist, so rangieren wir doch unmittelbar hinter unseren Stammesvettern von jenseit der Nordsee und sind wieder heimisch geworden auf den Meeren, auf denen wir nur noch verschüchtert erschienen. Unter allen Umständen liegt darin ein glänzendes Zeugnis für unsere wirtschaftliche und speziell für unsere see- und kaufmännische Begabung.

* * *

Nun wird mit Vorliebe gesagt, daß das alles doch auf friedlichem Wege ohne wesentlichen Aufwand an maritimen Streitkräften errungen wurde, daß diese Entwickelung in der Hauptsache begonnen und der Keim zur Blüte gelegt worden sei durch die kleinen Handelsrepubliken, die noch heute die Führerinnen unseres Seehandels sind. Sicher ist die letztere Thatsache nicht zu bestreiten, aber ebenso gewiß ist, daß unsere freien Reichs- und Hansestädte nicht wegen ihrer Schwäche und der durch diese Schwäche ihnen aufgezwungenen Friedfertigkeit diese Erfolge errungen haben, sondern trotz derselben. Die Rührigkeit und Zähigkeit ihrer Unterhändler, der Scharfblick und der Wagemut ihrer Kaufleute verdienen das höchste Lob und werden stets zu den besten Zeugnissen zählen, die deutschem Bürgertum ausgestellt werden können. Sie haben in der That das Menschenmögliche geleistet. Aber andererseits ist die Politik dieser Städte denn doch noch milde charakterisiert, wenn man das neuerdings in politicis hervorgeholte Sprichwort: „Mit dem Hute in der Hand kommt man durch das ganze Land“ auf sie anwendet. Man hat sich durchgewunden und gebückt, so gut es eben gehen wollte. Manches hat das Ausland den Städten auch zugestanden, was es einem großen Staatswesen nie nachgegeben hätte. Die Stellung, die Hamburg früher in den Reichskriegen gegen Frankreich einnahm, ist in dieser Beziehung lehrreich. Das Reich verlangte in solchen Zeiten Abbruch des Verkehrs mit Frankreich. Die Stadt aber, seit der Mitte des 17. Jahrhunderts Hauptstapelplatz der französischen Kolonialwaren, suchte diesen Verkehr auch in Kriegszeiten aufrecht zu halten und fand in diesem Streben das lebhafteste Entgegenkommen Frankreichs. England fuhr als des Kaisers Bundesgenosse oft scharf dazwischen, aber es durfte Hamburg auch nicht zu sehr zusetzen, weil es damit einen unersetzbaren Mäkler für seinen lukrativen Handel mit Deutschland ruiniert hätte. So konnte man sich durchwinden. Nicht mit Unrecht ist gesagt worden, daß Hamburgs Schwäche gerade seine Stärke gewesen sei. Aber eine solche Politik, unvermeidlich und vielfach nutzbringend bis zu der Umgestaltung von 1866, war doch sicherlich nur ein Notbehelf und unmöglich in dem Augenblicke, wo die Städte Teile eines großen, lebenskräftigen Staatskörpers geworden waren. Das haben die Hansestädte auch längst selbst eingesehen. Wenn sie auch hie und da der Meinung gewesen sind, daß man in Handels- und Schiffahrtsangelegenheiten sie am besten allein machen lasse, so haben sie doch das Ende der kaiserlosen Zeit mit Jubel begrüßt und haben keinen Anlaß gefunden, sie zurückzuwünschen. Die schweren Bedenken und Gefahren ihrer Lage sind ihnen ja früher auch oft genug vor Augen gerückt worden; die napoleonische Zeit ist in Hamburg und Bremen unvergessen. Es hat auch früher an Stimmen nicht gefehlt, die den Mangel eines starken nationalen Schutzes schmerzlich beklagten. Der (kaufmännische) Konsul eines deutschen Küstenstaates in einer Hafenstadt der Westküste Amerikas schrieb 1845 an seinen Bremer Freund: „In unserem Deutschland folgt man dem Zeitgeiste noch nicht; daher können wir Großhändler dort uns nicht heimisch fühlen. Es fehlt uns dort wie hier im Auslande die Protektion der Regierung, die mit den Waffen, wie England und Frankreich es thun, uns Kaufleute unterstützen sollte. Wir Deutsche im Auslande müssen uns in streitigen Fällen durch England, Frankreich oder die Vereinigten Staaten beschützen lassen, weil unsere Fürsten uns nicht helfen. Man giebt uns freilich Minister (Gesandte) in Oberheimlichen Kammerherren ꝛc., aber die armen Leute stehen wie die vergoldeten Eierschalen auf ihren Posten, da sie keine Stützen haben und ihre gerechten Forderungen nicht mit Gewalt bekräftigen können. Daß wir Deutsche unter solchen Umständen uns noch immer ohne Händel durchschlagen, ist bewundernswert, aber die desfallsigen Schwierigkeiten und die täglich sich mehrende Überzeugung, daß wir von unserem Vaterlande keinen Schutz erwarten dürfen, macht uns auch immer gleichgültiger gegen dasselbe, und man sagt mit Recht, daß es im Auslande keine schlechteren Patrioten als die Deutschen gäbe, ja, daß wir oft lebhafteren Anteil an England und Frankreich nähmen als an Deutschland.“ Hunderttausende, ja Millionen deutscher Männer haben draußen ähnlich gedacht und empfunden, und kostbare Kräfte, unersetzbare Beziehungen, in deren Besitz heute andere europäische Nationen sich stark fühlen, sind uns verloren gegangen in den Jahrhunderten, wo unsere überseeische Vertretung Sache wehrloser Handelsrepubliken war. Wäre nicht gegen Mitte des Jahrhunderts die Freihandelsbewegung zu Hilfe gekommen, die beschränkte Leistungsfähigkeit einer von solchen Faktoren getragenen Handelspolitik wäre noch fühlbarer zu Tage getreten.

Und dann liegt die Sache doch so, daß die eigentliche Blüte erst geweckt worden ist durch die Begründung des Deutschen Reiches. Der Aufschwung, der seit 1870 eingetreten ist, übertrifft weitaus auch die glückliche Entwickelung der vorausgehenden Jahrzehnte. Die Tonnenzahl der deutschen Handelsflotte stieg (die Dampfer, wie üblich, auf je drei Segeleinheiten berechnet) von 1845 bis 1871 von 579727 auf 1146343 Tonnen, nicht ganz aufs Doppelte, in dem um ein Jahr kürzeren Zeitraum von 1871—96 von 1146343 auf 3261922 Tonnen, also fast aufs Dreifache. Für einen Vergleich der Warenmengen fehlen für Gesamtdeutschland die älteren Zahlen: aber die Frequenz der Haupthäfen genügt zur Beleuchtung der Entwickelung. Die Tragfähigkeit der in Hamburg-Altona ein- und auslaufenden Schiffe betrug 1844 807768 Registertonnen, 1869 (1870 eignet sich als Kriegsjahr nicht zur Vergleichung) 3199758 Registertonnen, eine Vermehrung fast aufs Vierfache; 1895 hatten die in Hamburg-Altona verkehrenden Schiffe eine Tragfähigkeit von 12729930 Tonnen. Daß diese abermalige Vermehrung aufs Vierfache etwas ganz anderes bedeutet als die erste, ist selbstverständlich. Wenn es sich in der ersten Periode um eine Vermehrung von 2½ Millionen handelt, so hat man es in der zweiten mit einer solchen von 9½ Millionen zu thun. Nach Prozenten berechnet muß sich der Zuwachs naturgemäß in um so niedrigeren Ziffern ausdrücken, je größer die verglichenen Zahlen werden. Bremen hatte 1847 einen Schiffsverkehr von 540914 Registertonnen, 1869 einen solchen von 1325064, 1896 von 4020469 Registertonnen, in der ersten 22jährigen Periode eine Vermehrung von 145, in der zweiten 27jährigen eine solche von 196 Prozent. Stettins Schiffsverkehr stieg von 448890 Tonnen in 1850 (ältere Zahlen stehen nicht zu Gebote) auf 735300 in 1869 und weiter bis 1888 auf 2136130 Tonnen, also in der ersten 19jährigen Periode um 64, in der zweiten um 190 Prozent. Aber was soll man viel mit Ziffern belegen, was Jeder, der sehen will, vor Augen hat und mit Händen greifen kann. Der wirtschaftliche Aufschwung, den Deutschland seit seiner politischen Einigung genommen hat, ist ja beispiellos. Wie ganz anders stehen wir da in der Welt vor allen Völkern als vor 40 Jahren. Der brauchbare, anspruchslose Deutsche, der jenseit der Meere froh war an den Brosamen, die von reicherer Völker Tische fielen, war wohl eine bequemere Figur als der Landsmann Bismarcks, Moltkes und Kaiser Wilhelms, der die überkommene Artigkeit des persönlichen Verkehrs zwar beibehalten hat, aber doch neben Engländern, Franzosen und Amerikanern selbst etwas gelten will und sich und sein Volkstum hoch hält. Der Angehörige des deutschen Reichs wird von vornherein mit andern Augen angesehen als dereinst der Sprößling einer „freien Reichs- und Hansestadt" oder eines binnendeutschen Landratten-Kleinstaats. Aber hier wenn irgendwo gilt das Sprichwort: „Besser beneidet, als bemitleidet", und bei aller Urbanität des Einzelnen, in der das humanste aller Völker keinem andern nachsteht, kann die Politik eines großen Reichs nur fest begründet werden auf den alten römischen Grundsatz: Oderint dum metuant. Daß unsere Kriegsflotte nicht wenig dazu beigetragen hat, unser Ansehen „drüben" zu wahren, ja daß sie ein Haupthebel desselben gewesen ist, darüber kann ernstlich nicht gestritten werden. Schon als sie noch keine deutsche, sondern nur eine preußische war, hat ihr Erscheinen in Ostasien die Anknüpfung von Handelsbeziehungen ermöglicht, die sich seitdem glänzend entwickelt haben. Man kann den Umschwung, der sich mit der Gründung des Deutschen Reichs vollzogen hat, kaum besser charakterisieren als durch den Hinweis auf die Thatsache, daß unsere sämtlichen transatlantischen Dampferlinien, mit der alleinigen Ausnahme jener nach den Vereinigten Staaten, erst nach dem deutsch-französischen Kriege ins Leben getreten sind. Es ist kaum ein Vierteljahrhundert, daß deutsche Schiffe in regelmäßiger Fahrt alle Meere besuchen. Und welche Erfolge sind seitdem errungen worden!

* * *

Nun handelt es sich aber in erster Linie gar nicht um die Frage, wie das, dessen wir uns heute mit Stolz erfreuen, errungen und erreicht worden ist. Alles, was in dieser Richtung gesagt wurde und gesagt werden kann, hat nur Wert, soweit es geeignet ist, die weitere Frage zu beantworten, wie kann das Erreichte erhalten oder richtiger, wie kann es weiter entwickelt werden. Denn wie es überhaupt keinen Stillstand giebt, so giebt es einen solchen vor allem nicht im Leben der Völker und gar der modernen. Da heißt die unerbittliche Losung: Vorwärts. Alles ist Bewegung, alles Entwickelung. Wer nicht steigt, sinkt.

Jede tiefer eindringende Erwägung der gegenwärtigen Weltlage führt aber unwiderstehlich zu der Überzeugung, daß für die weitere Entwickelung der Nationen das Weltmeer und die Freiheit der Bewegung auf ihm entscheidend sein werden. Daß Herrschaft auf dem Meere von jeher außerordentlich viel bedeutete, weiß jeder von der Schule her. Die Kämpfe zwischen Griechen und Persern, Athen und Sparta, Rom und Karthago, Pisa und Genua, Spanien und England, England und Frankreich u. s. w. bis herab zu den jüngsten Erfahrungen im japanisch-chinesischen und griechisch-türkischen Konflikte liefern dafür unabweisbare Belege. Aber in früher nie geahntem Maße ist das Meer zum Tummelplatz der Völker geworden, seitdem die Entwickelung unserer Verkehrsmittel den Begriffen Raum und Zeit eine ganz andere Einschätzung gegeben hat, seitdem man an jedem Tage wissen kann, was überall auf dem weiten Erdenrund in allen Lebens- und Verkehrscentren geschieht, und es kaum einen Küstenplatz mehr giebt, an dem nicht innerhalb Monats-, ja innerhalb Wochenfrist europäische Macht sich fühlbar machen könnte. „Weltgeschichte", lange ein inhaltloses Wort für den Gebrauch der Schulbänke, fängt an zur Wirklichkeit zu werden. Man kann heute nicht mehr hinterm Ofen gemächlich sich berichten lassen, „wie hinten weit in der Türkei die Völker aufeinander schlagen". In welchem Erdenwinkel auch immer jetzt die Nationen aufeinander stoßen, für jede größere europäische Macht heißt es alsbald: Mea res agitur. China und Japan, Tschitral und Korea, Abessynien und Transvaal, von den amerikanischen Ländern ganz zu schweigen, sind heute Faktoren, mit denen jeder europäische Staatsmann rechnen muß. In ihren direkten und indirekten Beziehungen zu den europäischen Mächten liegen Fäden, an denen die Figuren auf der Bühne unseres eigenen kleinen Erdteils in Bewegung gesetzt werden können. Wohin würde der Staatsmann einer europäischen Großmacht kommen, der das übersehen wollte! Sie alle *müssen* „Weltpolitik" treiben, nicht in dem Sinne, daß sie sich überall einzumischen haben, wohl aber in sorgfältiger Erwägung, wie weit die Interessen ihrer Staaten von den Wandlungen dort draußen berührt werden.

In diesen exotischen Angelegenheiten steht nun aber Deutschland keineswegs in letzter Linie. Da sind zunächst seine Kolonieen. Es kann und wird sie nicht freiwillig aufgeben. Das Kapital und die Menschenkraft, die in ihnen angelegt sind, mehren sich von Jahr zu Jahr. Unser Jahrhundert hat eine neue, gewaltige Bewegung auf diesem Gebiete eröffnet, auf dem die Thätigkeit erloschen schien. Frankreich, fast kolonieenlos nach Napoleons Tagen, hat in fremden Erdteilen Gebiete zusammengebracht, wie sie es in *dem* Umfange nie besessen. England hat seinen herkömmlichen Appetit ins Maßlose gesteigert, nur um nicht Andere am Mahle teilnehmen zu lassen. Das 17. und 18. Jahrhundert haben Kolonialkriege in Hülle und Fülle gesehen. Wer möchte behaupten, daß es dergleichen nie mehr geben könne? Wer aber meint, daß in einem Konflikte mit England unsere Kolonieen ja doch der britischen Übermacht wehrlos preisgegeben seien, der vergißt, daß ein solcher Konflikt doch auch in Formen in Erscheinung treten kann, in denen eine respektable, wenn auch allein England längst nicht gewachsene deutsche Kriegsflotte für den Ausgang und speziell für das Schicksal unseres Kolonialvermögens denn doch nicht belanglos wäre. Schon unser Kolonialbesitz fordert deshalb, daß wir eine leistungs-, vor allem eine bündnisfähige Flotte besitzen.

Aber der Schwerpunkt der Frage liegt an anderer Stelle. Unser Volk, das alt schien, ist wieder jung geworden. Wir gehören zu den aufstrebenden, emporblühenden Nationen wie nur eine in Europa. Fast auf allen Gebieten des Lebens wird bei uns mit einer Emsigkeit, einer Ausdauer, einem Geschick gearbeitet, die schöne Früchte gezeitigt haben, schönere verheißen. Unsere Verkehrseinrichtungen sind die entwickeltsten des Kontinents, denen des kleineren und stärker bevölkerten England kaum nachstehend. Die Bewegung ist in alle Teile unseres Volkes gedrungen, macht sich geltend bis in die entlegensten Winkel unseres Gebietes. Trotz des laut tönenden politischen und sozialen Haders ist die Nation doch unablässig bemüht, ihren Wohlstand zu mehren, ihre Institutionen zu entwickeln, ihre Lebenshaltung zu steigern. Wer nur ein Menschenalter zurück zu denken vermag, hat diese Umwandlung am eigenen Leibe, in seiner unmittelbarsten Umgebung erfahren. In fast allen äußeren Formen des Daseins waren uns Engländer und Franzosen, Niederländer und Belgier vor dreißig Jahren weit voraus, heute sind wir ihnen nahe gekommen oder haben sie gar überholt. Was sind heute die französischen Provinzialstädte gegen die unseren? Möchte etwa der deutsche Fabrikarbeiter mit dem belgischen tauschen oder der Bergmann von Dortmund und Bochum mit dem von Newcastle? Schaut der Kölner oder Düsseldorfer noch bewundernd empor zu Mynheer von Amsterdam oder Rotterdam wie um die Mitte des Jahrhunderts? Zufriedener sind wir ja nicht geworden, aber zweifellos wohlhabender, wohllebiger. Und mit der Unzufriedenheit sollte man es doch auch nicht allzu tragisch nehmen und nicht immer gleich nach dem Büttel rufen, wo sie sich zeigt. Ist sie doch zu allen Zeiten ein Haupthebel des Fortschritts gewesen, und wo findet sie sich etwa nicht in unseren Tagen? Wenn's drauf und dran kommt, wird der Deutsche sein Los doch nicht mit dem irgend eines Fremden vertauschen wollen. Aber eine andere Sorge erhebt sich dem, der in die Zukunft zu blicken sucht. Wird das weiter so aufwärts gehen können? Werden wir Ellenbogenraum haben, uns in der Welt auszubreiten?

Unsere Bevölkerungszunahme ist bekanntlich eine starke. Seit 1885 betrug sie alljährlich eine halbe Million Menschen und mehr. Die Abnahme der Auswanderung ist zweifellos eine Hauptursache dieser Erscheinung. Die Verhältnisse in den Vereinigten Staaten sind nicht verlockend; dazu ist die Einwanderung dort erschwert worden. Jedenfalls erwächst Deutschland die Aufgabe, den Zuwachs zu ernähren, und es hat diese Aufgabe bislang zu lösen vermocht. Aber doch nur, indem sich in der Zusammensetzung seiner Bevölkerung eine bedeutungsvolle Umwälzung vollzog und weiter vollzieht. Während die Landwirtschaft mit ihren Angehörigen noch 1882 42,5 Prozent der Bevölkerung ausmachte, ergab die Berufszählung von 1895, daß nur noch 35,7 Prozent zu ihr zu zählen seien. Sie hat nicht nur relativ, sie hat sogar absolut, von 19 225 455 auf 18 501 307, abgenommen. Von Bergbau und Hüttenwesen, Industrie und Bauthätigkeit, Handel und Verkehr haben zur Zeit fast 8 Millionen Deutsche mehr ihren Unterhalt als von der Landwirtschaft. Unsere Bevölkerungszunahme vollzieht sich ausschließlich in diesen und anderen nicht landwirtschaftlichen Berufen und Nahrungszweigen. Der dem Getreidebau gewidmete Boden hat im letzten Jahrzehnt eine Vergrößerung nicht erfahren; seine Erträge sind in erheblichem Maße nicht gesteigert worden. Immer tiefer öffnet sich die Kluft zwischen Produktion und Bedarf. Auch wer der Überzeugung ist, daß der Untergang unserer Landwirtschaft und zumal unseres Bauernstandes gleichbedeutend sein würde mit dem Untergange von Volk und Reich — und Verfasser hegt diese Überzeugung —, kann sich doch der Thatsache nicht verschließen, daß wir ausländisches Getreide nicht entbehren können und daß dieser Bedarf von Jahr zu Jahr steigt. Die durchschnittliche Einfuhr von Roggen und Weizen betrug in den Jahren 1889 bis 1892 1 680 476, in den Jahren 1893—1896 1 930 383 Tonnen, die Jahresproduktion im Durchschnitt der zehn Jahre 1886—1895 7 772 912 Tonnen. Die jährliche Zufuhr betrug also $^1/_4$ der Produktion. Wenn das auch nicht direkt besagen will, daß ohne sie der Verbrauch auf den Kopf der Bevölkerung um $^1/_5$ herabgesetzt werden müßte oder 10 Millionen Menschen in Deutschland nahrungslos wären, so ist doch klar, daß wir uns nicht mehr völlig ernähren können aus Brot, das aus deutschem Korn gebacken ist.

Die Vermehrung der industriellen Betriebe aller Art führt aber auch notgedrungen zu einer Steigerung des Bedarfs an Rohmaterialien. In welchem Umfange diese von uns selbst erzeugt werden, läßt sich schwer feststellen; wohl aber lehrt uns ein Blick in die Einfuhrlisten, daß wir auch in dieser Beziehung immer abhängiger werden vom Auslande. Die Einfuhr von Rohstoffen für Industriezwecke stieg von 22 390 579 Tonnen in 1889 auf 29 062 820 in 1896, also um nahezu 30 Prozent in sieben Jahren. Von dem einen Artikel, Baumwolle, der doch unentbehrlich und von uns schlechterdings nicht zu erzeugen ist, stieg der Bedarf von 41 748 Tonnen im Durchschnitt der Jahre 1866—1870 auf 126 967 im Durchschnitt 1891—1895 (1841—1845 betrug er 8481!). Eisenerze wurden 1889 1 234 789 Tonnen eingeführt, 1896 2 586 706 Tonnen. Ähnlich mit zahlreichen anderen Waren. Es giebt auch nicht wenige Artikel, die nicht direkt als Rohstoffe für die Industrie bezeichnet werden können, die aber doch ganz unentbehrlich und nur vom Auslande beziehbar sind, und deren Verbrauch sich infolge unseres Bevölkerungszuwachses, des gesteigerten Wohlstandes und der verbesserten Lebenshaltung gewaltig gesteigert hat. Im Durchschnitt der Jahre 1866—1870 wurden 70 436 Tonnen Petroleum eingeführt, 1891—1895 durchschnittlich 755 915, 1896 sogar 853 545!

Diese gesteigerte Abhängigkeit vom Auslande müßte ja aber schon im Frieden zum wirtschaftlichen Ruin führen, wenn ihr nicht eine vermehrte Ausfuhr von Fabrikaten gegenüberstände. Die starke Zunahme unserer in Gewerbe und Verkehr thätigen Bevölkerung im Vergleich zur landwirtschaftlichen ist ja nur möglich und erträglich, wenn wir in gesteigertem Maße für das Ausland arbeiten. Daß bis jetzt keine Gefahr vorliegt, zeigen die Ausfuhrziffern, deren Wachsen das unserer Bevölkerung denn doch nicht unwesentlich übersteigt. Es betrug die Ausfuhr im Specialhandel

1889: 18 292 587 Tonnen
1896: 25 719 876 „

stieg also um 40,6 Prozent, die Bevölkerung gleichzeitig um 7—8 Prozent. Wenn ihr Wert sich nur von 3 256,4 auf 3 753,8 Millionen Mark hob, also nur um 15,3 Prozent, so darf daraus nicht gefolgert werden, daß jetzt minderwertige Waren ausgeführt würden als vor 7 Jahren (das Gegenteil ist im allgemeinen der Fall), sondern die Ursache dieser Erscheinung liegt in dem starken Sinken der Warenpreise. Ein richtiger Vergleich läßt sich deshalb nur mittelst der Tonnenzahlen anstellen. Es wurden ausgeführt:

Fabrikate	1889 Tonnen	1889 Millionen Mark	1896 Tonnen	1896 Millionen Mark	
der Nahrungs- und Genußmittelindustrie .	912 270	283,4	1 402 538	348,9	+ 53,7 bezw. 23,1 %
davon Zucker . .	522 148	162,8	988 821	236,4	+ 89,4 bezw. 45,2 %
Maschinen, Instrumente und Apparate . . .	100 585	150,1	182 846	208,4	+ 81,8 bezw. 38,8 %
der Metallindustrie ohne Maschinen	820 975	268,4	1 330 089	364,4	+ 62 bezw. 35,8 %
der chemischen Industrie	403 663	226,7	590 697	324,4	+ 46,3 bezw. 43,1 %
der Papierindustrie . .	82 303	68,5	133 927	86,4	+ 62,7 bezw. 26,1 %
der Textilindustrie . .	99 484	914,2	114 618	802	+ 15,2 bezw. — 13,3 %

Eine ganz bemerkenswerte Ausnahme bilden die

Gegenstände der Litteratur und bildenden Kunst .	13 080	79	16 724	120,7	+ 27,9 bezw. 52,8 %

Es wirft ein eigentümliches Schlaglicht auf die materielle Wertschätzung geistiger Arbeit deutscher Nation, daß allein *ihre* Ergebnisse unter allen namhafteren Ausfuhrartikeln eine Preissteigerung, und zwar eine recht erhebliche, erfahren haben. Auch daß von dem allgemeinen Preisfall die Fabrikate der chemischen Industrie am wenigsten betroffen worden sind, ist beachtenswert; die Überlegenheit auf diesem Gebiete verdanken wir vor allem wissenschaftlichen Leistungen.

* * *

Unverkennbar leuchtet aus diesen Darlegungen der Grundzug unserer Entwickelung in den letzten 25—30 Jahren hervor. Unsere wirtschaftlichen Beziehungen zum Auslande werden immer zahlreicher und umfassender. Sie stehen in inniger Verbindung mit dem glänzenden Aufschwunge unserer heimischen Thätigkeit. Sie ergeben sich aus ihm und bedingen ihn wieder. Ohne ihre Erhaltung und Vermehrung ist Deutschlands Gedeihen und Blüte nicht denkbar. Des Kaisers Wort: „Unsere Zeit steht im Zeichen des Verkehrs" trifft in der That die Kernfrage unserer Tage. Und das ganz besonders für Deutschland. Denn kein Volk hat in jüngster Zeit eine so rasche Entwickelung seines Verkehrswesens erlebt. Frankreich und die Union wurden überholt. Während England sich seit Beginn der achtziger Jahre um die 14 Milliarden bewegt, steigerte Deutschland seinen Handel von weniger als 6 auf mehr als $8^1/_4$ Milliarden.

Nun sind aber die neuen Fäden, die uns heute weit zahlreicher und stärker mit dem Auslande verknüpfen als noch zur Zeit der Begründung unseres Reiches, ganz überwiegend über die See und besonders über den Ocean gesponnen, entsprechend der erhöhten Bedeutung, die der Weltverkehr überhaupt im Zeitalter des Dampfes und der Elektrizität gewonnen hat. Da die gesamtdeutsche Handelsstatistik erst mit dem Eintritt Hamburgs und Bremens in den Zollverein beginnt, so läßt sich das am Warenverkehr für die ganze Zeit nicht exakt nachweisen. Doch auch die wenigen Jahre genügen, um die Richtung der Entwickelung zu kennzeichnen. 1890 machte der europäische Verkehr 74,4 Prozent der gesamten Handelsbewegung aus, 1895 noch 69,2 Prozent. Entsprechend hob sich der transatlantische Verkehr von 25,6 auf 30,80 Prozent. Jener betrug 1890 5 716,5 Millionen, 1895 nur 5 307,8 Millionen, fiel also um 7,1 Prozent, dieser belief sich 1890 auf 1 966 Millionen, 1895 dagegen auf 2 362,4 Millionen, stieg also in den fünf Jahren um 20,2 Prozent. Noch deutlicher spricht die Schiffsbewegung. Sie belief sich für sämtliche deutsche Häfen 1872 auf 18 056 264 Tonnen, von denen 2 602 954, also 14,4 Prozent, auf den transatlantischen Verkehr kamen. In 1895 beschäftigte der transatlantische Verkehr 7 002 003 Tonnen von insgesamt 30 468 749, also 23 Prozent. Er hob sich in den Jahren 1872 bis 1895 um 169 Prozent, während der europäische nur um 52 Prozent zunahm. Klar spiegelt sich diese Entfaltung unserer transoceanischen Beziehungen auch in der Zusammensetzung unserer Handelsflotte wieder. Ihre Zunahme seit 1871 ist ganz überwiegend der Nordseeflotte zu gute gekommen. Die Ostseeflotte umfaßte

1871:	2 006	Segelschiffe	zu	439 089	Tonnen
	76	Dampfschiffe	zu	10 734	„
1895:	630	Segelschiffe	zu	118 912	„
	390	Dampfschiffe	zu	158 992	„ .

Sie hob sich also, die Dampfschiffe zu drei Segeleinheiten berechnet, von 471 290 auf 595 888 Tonnen, um 26,4 Prozent. Die Nordseeflotte zählte

1871:	2 366	Segelschiffe	zu	461 272	Tonnen
	71	Dampfschiffe	zu	71 260	„
1895:	1 992	Segelschiffe	zu	541 944	„
	653	Dampfschiffe	zu	734 054	„ ,

hob sich demnach von 675 052 auf 2 744 106 Tonnen, um 306,5 Prozent. Der Unterschied machte sich ganz besonders in den letzten Jahren bemerkbar.

Von 1891—1895 nahm die Dampferflotte der Ostsee nur um 10000, die der Nordsee um 160000 Tonnen zu, die Segelflotte der Ostsee um 67000 Tonnen ab, die der Nordsee um 18000 Tonnen zu. Von der Segelflotte der Ostsee kann man sagen, daß sie im Verschwinden begriffen ist, während z. B. Rostock allein im Anfang der sechziger Jahre eine Flotte besaß, die nicht weit hinter der Hamburger zurückstand. Die ehemals so lebhaften kleinen pommerschen, meklenburgischen, schleswigschen Reedereiplätze (Barth, Wolgast, Wustrow, Arnis, Kappel &c. &c.) sind diesem Betriebe fremd geworden. An der Nordsee ist die Zahl der Segelschiffe auch gesunken, aber ihr Tonnengehalt ist gestiegen, von durchschnittlich 195 auf 272 Tonnen. Das erklärt sich vor allen Dingen durch den Bau von Segelschiffen allergrößter Ladefähigkeit, die unter möglichster Ausnutzung aller Fortschritte moderner Technik mit nach älteren Begriffen unglaublich geringer Bemannung fahren und so mit Hilfe des billigen Beförderungsmittels Wind für gewisse Frachten mit der Dampfschiffahrt noch konkurrieren können. Auch letztere legt sich mit Vorliebe auf den Bau großer und größter Schiffe, wie denn unsere Dampferflotte, so sehr sie an Umfang der englischen auch noch nachsteht, an Güte des Materials den Vergleich mit ihr getrost aufnehmen kann. Die jüngsten Leistungen des Norddeutschen Lloyd und der Hamburg-Amerikanischen Packet-Aktiengesellschaft haben es z. B. dahin gebracht, daß die größten, schnellsten und schönsten Schiffe, die zur Zeit das Weltmeer befahren, deutsche sind. Zugespitzt aber ist diese Entwickelung auf den großen, oceanischen Verkehr, der sich immer mehr in den Vordergrund drängt und Gegenstand des Wettbewerbes der Nationen wird. Fast möchte man sagen, daß die Zeit schon abzusehen ist, wo für Deutschland die transatlantische Fahrt die europäische überwiegen wird.

Aus diesem Wettbewerb auf dem Weltmeer aber können wir uns nicht zurückziehen, ohne uns zu vernichten. Wir brauchen die See, um zu leben. Nicht nur der Seemann und der Fischer, die mühsam ihr hartes Brot auf ihr gewinnen, brauchen sie, nicht nur der Kaufmann unserer Küstenstädte, der mit Spannung die Fahrt seiner Schiffe und Waren verfolgt, sondern auch der Arbeiter tief im Binnenlande, im entlegenen Gebirgsthale, dessen rührige Hand die tausend und aber tausend Dinge verfertigt, die über Sand und See in alle Welt gehen. Ein unverdächtiger Zeuge, der Professor der Kolonialgeographie an der Sorbonne, Marcel Dubois, sagt in seinem Buche „Koloniale Systeme und Kolonisationsvölker" treffend: „Das Deutschland von heute muß entweder über See verkaufen oder untergehen". Über See verkaufen kann nur, wem die See frei ist. Es ist nicht anders: Unser

Volk kann nur weiter blühen und gedeihen, wenn es imstande ist, sich die Freiheit der Bewegung zur See gegenüber jedem Angriffe zu bewahren. Die Unterhaltung einer starken, leistungsfähigen Flotte ist für Deutschland eine Existenzbedingung.

* * *

Welche kriegerische Möglichkeit seit 1871 im Vordergrunde unserer politischen Erwägungen steht, weiß jeder. So lange wir annehmen durften, Frankreich allein als Gegner zu haben, konnten wir hoffen, ohne allzugroße Schädigung unseres Seeverkehrs durch unsere Landmacht die Sache entscheiden, nötigenfalls durch sie Repressalien nehmen zu können. Aber die Gefahr, daß Frankreich allein uns angreift, tritt immer mehr zurück; kommt es zum Kriege, so werden wir ihn mit zwei Fronten zu führen haben. Damit ist uns Rußland für Getreide- und Petroleumzufuhr verschlossen. Ob Österreich-Ungarn und Rumänien imstande sind, allein den im Kriege ungemein erhöhten Bedarf zu decken, muß sehr fraglich erscheinen, muß unbedingt verneint werden, wenn Mitteleuropa eine geringe oder gar eine Mißernte haben sollte, oder wenn, was ja zunächst angenommen werden muß, Österreich und Italien am Kriege teilnehmen, der Dreibund gegen den Zweibund steht. Die beiden Staaten würden dann auch bei den besten Ernten Mühe haben, ihren eigenen Bedarf zu decken. Wir bedürften also unbedingt auch für Getreide der überseeischen Zufuhr, dazu für die Rohstoffe, mit denen wir unsere Fabriken in Gang zu erhalten hätten. Die Waren, mit deren Verkauf ans Ausland wir auch in Kriegszeiten einen starken Bruchteil unserer Bevölkerung zu ernähren hätten, müßten wir ungehindert über See ausführen können. Gelänge es Frankreich und Rußland, unsere Küsten zu schließen, sie brächten uns zum Verbluten. Denn daß wir imstande sein sollten, zwei solche Gegner durch Landsiege zu einem raschen Frieden zu zwingen, ist durchaus unwahrscheinlich. Eine sehr gewagte Rechnung würde auch anstellen, wer etwa darauf bauen wollte, daß uns die Häfen Belgiens und der Niederlande offen bleiben würden. Wenn Fürst Bismarck mit Beziehung auf einen nächsten großen Krieg von saigner à blanc sprach, so wußte er, was er sagte. Wenn der Krieg überhaupt geführt wird, so wird er mit einer Rücksichtslosigkeit geführt werden, der gegenüber Neutralitätsverträge und völkerrechtliche Bedenken wertloser Plunder sind. Sind Frankreich und Rußland imstande, unsere Häfen zu schließen, so werden sie auch Mittel finden, unsere kleinen Nachbaren im Nordwesten zu zwingen, daß sie uns die Zufuhren nicht leisten, deren Entbehren unseren Armen die Kraft nehmen würde, und die Waren nicht ausführen, ohne deren Absatz Millionen unseres Volkes betteln gehen müßten.

Diese Gefahr würde leicht wiegen, wenn wir auf ein Bündnis mit England rechnen könnten. Aber ist mit England überhaupt ein zuverlässiges, in keinem Augenblicke versagendes Bündnis möglich? Und wenn das wirklich der Fall wäre, würden wir nicht leicht durch England in den Krieg hineingezogen werden, den zu vermeiden wir mit Recht aufs Äußerste bemüht sind, und würden wir nicht in diesem Kriege die Hauptlast des Kampfes auf uns nehmen, unser Blut gegen die Feinde in Ost und West in Strömen vergießen müssen, während England Gelegenheit fände, mit seinen geworbenen See- und Landsoldaten überall auf dem weiten Erdenrund französischen und russischen Besitz und Einfluß in britischen zu verwandeln? Aber ganz abgesehen von solch schweren Bedenken, so weiß doch jeder, daß wir von einem englischen Bündnis ferner sind denn je. Nicht erst seit der Transvaaldepesche unseres Kaisers sind Abneigung und Mißstimmung gegen den konkurrierenden Stammesgenossen vom Festlande in England im Entstehen und raschen Wachsen begriffen; sie haben nur seitdem mehrfach Formen angenommen, die man als Tobsuchtsanfälle kaum zu scharf bezeichnet. Es mehren sich in England aber auch die ruhigen Stimmen, die in kalter Berechnung Krieg mit Deutschland fordern, die Englands dringendste Aufgabe in der Vernichtung des deutschen Handels erblicken. Wir müssen uns auseinandersetzen lassen, wie leicht dies Ziel zu erreichen sei; England brauche nur zu wollen. Ganz neuerdings belehrt wieder ein Leitartikel der Saturday Review vom 11. September darüber, mit welchen Gedanken sich ernste Kreise in England tragen. Der Verfasser setzt auseinander (die gehässige Verdrehung der Thatsache braucht nicht besonders hervorgehoben zu werden), daß Fürst Bismarck Frankreich veranlaßt habe, ein Kolonialreich zu gründen, Rußland, sich gegen den Osten und Süden auszubreiten. Inzwischen habe Deutschland „in Frieden auf seinen schwellenden Koffern gesessen, seine Kaufleute haben Englands Handel gekapert und seine Staatsmänner die englischen in fortwährende Zänkereien mit andern Ländern gebracht“. Fürst Bismarck habe lange erkannt, was man in England jetzt auch einzusehen beginne, „daß es in Europa zwei große, unversöhnliche, einander feindliche Mächte gebe, zwei große Nationen, welche die ganze Welt sich zu eigen machen und von ihr den Tribut des Handels erheben möchten, Engländer und Deutsche“. Überall trete der Deutsche dem Engländer zur Seite, kämpfe mit ihm um den Erwerb, gelte es, ein Bergwerk auszubeuten, eine Eisenbahn zu erbauen, einen Eingebornen von Pflanzen- zu Fleischnahrung oder von Mäßigkeit zum Händler-Branntwein zu bekehren. „Millionen kleiner Streitigkeiten schaffen den größten Kriegsfall, den die Welt gesehen. Wenn Deutschland morgen vernichtet wäre, so gäbe es übermorgen keinen Engländer in der Welt, der nicht reicher sein würde. Völker haben Jahre um eine Stadt oder ein Erbfolgerecht gekämpft; sollten sie nicht um 250 Millionen Pfund jährlichen Handels kämpfen?"

Der Verfasser verlangt Krieg mit Deutschland. „England ist die einzige Großmacht, die mit Deutschland ohne schwere Gefahr und ohne Zweifel über den Ausgang kämpfen kann. Wenige Tage und Deutschlands Kriegsschiffe würden auf dem Meeresgrunde sein oder unter Geleit nach den englischen Häfen. Hamburg und Bremen, der Kieler Kanal und die baltischen Häfen würden unter den Kanonen Englands liegen, die warten würden, bis die Entschädigung vereinbart wäre. Nach gethaner Arbeit könnten wir ohne Bedenken zu Frankreich und Rußland sagen: „Sucht Kompensationen. Nehmt in Deutschland, was ihr wollt. Ihr könnt es haben." Der Artikel schließt mit der Mahnung: Germaniam esse delendam*).

Es wäre ein thörichter und sträflicher, die Erfahrungen der Geschichte völlig in den Wind schlagender Leichtsinn, derartige Erörterungen nicht ernst nehmen zu wollen. Wie oft ist die englische Regierung durch ihre Bevölkerung in Handelskriege gedrängt worden! Durch Lage und Geschichte begünstigt hat die englische Nation früher als irgend eine andere in Europa gelernt, ihre Sachen selbst in die Hand zu nehmen, ihren Regenten und Machthabern die Politik aufzudrängen, die dem Volke und seinen Wünschen förderlich erschien. Das beginnt in Handels- und Schiffahrts-Angelegenheiten schon tief im Mittelalter. Welch leidenschaftliche Sprache wird schon im 15. Jahrhundert in Flugschriften und Adressen gegen Hansen und Flandrer laut! Welcher Haltung Elisabeth ihre Popularität und ihre Macht verdankte, ist bemerkt worden. Kein Vorwurf gegen ihren Nachfolger wog schwerer, als daß er sich in freundliche Beziehungen zu Spanien setzte und dadurch seine Unterthanen nötigte, sich Schranken aufzulegen in dem gewinnbringenden Kaper- und Kolonialkriege gegen diese Macht, den Elisabeth in Friedens-

---

*) Wunderlicherweise findet sich dieser Schlußsatz nicht in allen Abzügen des Artikels.

wie Kriegszeiten so fürsorglich hatte emporblühen lassen. Es ging wie eine Erlösung durchs Land, als diese Politik mit dem Scheitern der englisch-spanischen Heiratspläne ihrem Ende entgegenging. Unter dem Jubel des Volkes wandte sich Cromwell nach den Revolutionsjahren gegen den Handelsrivalen Holland, und als dieser mit französischer Hilfe niedergerungen war, da erhob sich bald der Ruf: „Krieg gegen Frankreich", das durch Colbert und Ludwig XIV. zu einem gefährlichen Handels- und Kolonialkonkurrenten heranzuwachsen drohte. Daß die Regierung noch an der überlieferten antispanischen Politik hing, ward vom Volke als veraltet empfunden; jetzt sei Frankreich gefährlich, Spanien nicht mehr. Die entsprechende Politik, die England bis zur Niederwerfung Napoleons verfolgt hat, war unentwegt getragen und gefordert vom britischen Volke. Wenn in unserem Jahrhundert die siegreiche Freihandelsbewegung einen andern Charakter zu tragen schien, so kann sich darüber heute doch niemand mehr täuschen, daß sie in gleicher Weise wie der früher herrschende brutale Protektionismus zugeschnitten war auf den Leib des englischen Volkes und auf seine im Laufe der Zeiten gewaltig umgewandelten Bedürfnisse. Wie lange diese Anschauungen im englischen Volke noch die Herrschaft behaupten werden, vermag niemand zu sagen; daß sie einen für alle Zeiten dauernden Sieg errungen hätten, wird nach den Hergängen der letzten Jahre wohl auch der überzeugteste Freihandelsmann nicht zu behaupten wagen. Wie auch immer, eins steht fest: Glaubenssatz jedes Briten ist, daß England berufen ist, die Wogen zu beherrschen. Rule Britannia, rule the waves! Taucht da ein ernstlicher Mitbewerber auf, so ertönt alsbald der volkstümliche Kriegsschrei: Lick him! The bloody foreigner! Daß „des Himmels Befehl" im Nationalliede nicht bloß dichterische Phrase ist, das belegt der Leitartikler des Saturday Review, indem er von Englands „bewundernswürdiger Überzeugung" spricht, „daß es in Verfolgung seiner eigenen Interessen nur Licht verbreite unter den Nationen, die in Dunkelheit wohnen". Nie ward nackte Räuberpolitik schamloser mit dem Mantel göttlicher Sendung umhüllt. Wer da glauben möchte, daß das gegenwärtige England doch nicht mehr fähig sei zu Gewaltthaten, wie sie das frühere so zahlreich auf dem Kerbholz hat, den möchte ein Hinweis auf die Namen Jameson, Rhodes, Chamberlain denn doch belehren, daß seine Vertrauensseligkeit übel angebracht ist. „Millionen kleiner Streitigkeiten schaffen den größten Kriegsfall, den die Welt je gesehen", sagt der Leitartikler. Ein Handel von fünf Milliarden Mark ist die Beute! Delenda est ist die Losung gegen Deutschland wie vor 240 Jahren gegen Holland.

* * *

Es giebt Leute, die da sagen: Im Kriege mit England nützt uns auch eine stärkere Flotte nichts; sie würde doch die Beute des Feindes sein. Auch der Leitartikler meint: „Das Anwachsen der deutschen Flotte wird Englands Streich nur schwerer auf Deutschland fallen lassen."

Wer als Deutscher so redet, der weiß nicht, was er sagt, und würde, wenn ein englischer Angriff wirklich stattfände, auch zweifellos nicht nach dem Sinne seiner Worte handeln. Wo ist denn der Deutsche, der diesen Namen noch führen darf, der von der Gnade eines fremden Volkes leben möchte, der sich ruhigen Blutes sagen könnte: Ich und mein Volk und mein Reich, wir existieren in den Grenzen und Formen, die meinem englischen Nachbar gefällig sind, und so lange es ihm beliebt; wir sind in der Welt zufrieden mit dem, was er uns gestatten will. Wenn England, wie der Leitartikler will, uns anfiele aus Handelsneid, unsere Flotte zu zerstören oder wegzunehmen, unsere Häfen zu sperren suchte, wo wäre der Deutsche, der wagen würde, seinen Landsleuten zu sagen: Erkundigt euch, um welchen Preis der Frieden zu haben ist, und zahlt? Wo wäre der Deutsche, der achselzuckend die Hände in den Schooß legen und erklären würde: Gegen England können wir nichts machen; wir müssen es uns gefallen lassen, von ihm zur Ader gelassen zu werden, wenn wir ihm zu vollsäftig erscheinen. Ein Schrei des Zornes und der Wut würde aufgellen von Memel bis zum Bodensee, und nur ein Gefühl würde deutsche Herzen beseelen, das der Rache. Die Nation würde ihren letzten Groschen und ihren letzten Mann daran setzen, einem solchen Gegner nicht zu weichen. Was das kleine Dänenvolk nach dem schmachvollen englischen Überfalle von Kopenhagen sich nicht hat bieten lassen, das sollten wir ruhig hinnehmen? Wir verdienten nichts Besseres, als für alle Zeiten Knechte und Sklaven fremder Völker zu sein, wenn wir so handelten. Wahrlich, die reden thöricht, die uns glauben machen wollen, wir m ü ß t e n notgedrungen wehrlos sein und bleiben gegen das seemächtige England. In Wirklichkeit liegt die Sache so, daß, wenn wir wollen, wir uns wohl so gerüstet halten können, daß eine besonnene englische Politik sich denn doch dreimal besinnen würde, ehe sie es wagen möchte, einen Krieg mit Deutschland nach dem Rezept des Leitartiklers vom Zaune zu brechen.

Dazu bedarf es noch lange keiner Kriegsflotte, die imstande wäre, der englischen die Spitze zu bieten. Angegriffen von England, möchte es uns nicht unmöglich sein, Rußland als Bundesgenossen zu gewinnen. Es könnte für diesen Staat keine günstigere Gelegenheit geben, seinen asiatischen Zielen näherzutreten. Ein Bündnis mit Deutschland hat für die Erreichung dieser Ziele einen viel größeren Wert als ein solches mit Frankreich, weil es Rußland viel besser den Rücken deckt. Den Gedanken, daß ein englischer Angriff auf Deutschland auch Frankreich veranlassen würde, mit uns gemeinsame Sache zu machen, um den Übermut des Inselvolkes zu bändigen, wollen wir einstweilen ins Reich der Träume verweisen. Gefolgsgenosse Englands gegen Deutschland würde Frankreich aber ohne Rußland sicherlich auch nicht werden, da es dann für sich die Schläge, England aber die Beute haben würde. Für Rußland wie unter Umständen für Frankreich kann aber ein deutsches Bündnis gegen England nur Wert haben, wenn Deutschland über maritime Streitkräfte verfügt, die ins Gewicht fallen. Handelte es sich z. B. um den Eintritt Rußlands in den Kampf gegen England an Deutschlands Seite, so würde von ganz hervorragender, wahrscheinlich von ausschlaggebender Bedeutung die Frage sein, ob Rußland hoffen könnte, mit Hilfe der deutschen Flotte und des Kieler Kanals den Engländern die Ostsee streitig machen und Elbe und Weser einigermaßen offen halten zu können. Unsere Bündnisfähigkeit wird in solchem Falle in erster Linie bedingt sein durch die Leistungsfähigkeit unserer Flotte.

Aber auch ohne einen Verbündeten haben wir durchaus keinen Grund, zu verzweifeln an der Möglichkeit eines Widerstandes, mit dem England rechnen müßte. Man muß sich doch vergegenwärtigen, daß Streitkräfte, wie sie in der britischen Flotte vereinigt sind, als geschlossenes Ganzes an einem Punkte zugleich nicht auftreten können. Was unter einem Kommando zu einer Aktion vereinigt werden kann, das geht über gewisse, durch taktische Verhältnisse vorgezeichnete Grenzen nicht hinaus. Dazu muß ja jeder, der unsere ganze Küste blockieren will, seine Streitkräfte teilen. Schwerlich würden wir es also mit einem Drittel, wahrscheinlich noch nicht mit einem Viertel der englischen Flotte zu thun haben, wenn wir versuchen wollten, durch eine Schlacht vor der Elbe oder der Kieler Bucht eine englische Sperre zu brechen. Und einen solchen Versuch müßten wir machen, wenn wir den Gegner, der uns an der Kehle packt, abschütteln wollen. Daß unsere jetzige Flotte nicht stark genug ist, ihn mit Aussicht auf Erfolg zu wagen, ist sicher. Aber daß wir nicht imstande wären, eine Flotte zu schaffen, die das vermöchte, ist eine völlig unerwiesene Behauptung. Wäre sie wahr, so brauchten unsere Kaufleute, unsere Fabrikanten und Arbeiter sich nicht weiter Mühe zu geben um Besserung und Vermehrung ihrer Erzeugnisse und Hebung des Absatzes; wir müßten doch zufrieden sein mit dem, was die Engländer uns übrig lassen wollten, und würden bald in die Lage kommen, uns mit unserer Kultur und Lebenshaltung wieder rückwärts in die alte Dürftigkeit konzentrieren zu können, unseren Bevölkerungsüberschuß wieder daheim darben oder auswärts von fremden Nationen als Kulturdünger verwenden zu lassen.

Es würde müßig sein, alle die Kombinationen durchsprechen zu wollen, unter denen wir in europäischen Kriegen unserer Flotte bedürfen könnten Aber eine Erwägung mag hier doch noch Platz finden. Eine Gegnerschaft zwischen Rußland und England besteht seit länger als einem halben Jahrhundert und zeigt unleugbar mehr Neigung zur Verschärfung als zur Milderung. Die russische Politik beteuert, daß ihr Verhältnis zu Frankreich nicht als Feindseligkeit gegen Deutschland aufgefaßt werden dürfe. Wie wenn der Zweibund seine Spitze mehr und mehr gegen England richten sollte? Ist es denn ganz undenkbar, daß eines Tages Rußland und Frankreich in Waffen gegen England stehen? Deutschland hätte keinen Anlaß, sich in einen solchen Konflikt einzumischen. Wohl aber würde sich England fragen, was ihm Deutschlands Neutralität denn nützen könne. Deutschlands Verkehr würde während eines solchen Konflikts riesenhaft anschwellen; seine Handelsflotte würde überall sein, und es würde sich in Märkte einbürgern, aus denen es schwer wieder zu vertreiben wäre. Einer kühnen Politik kann unter solchen Umständen leicht der Gedanke kommen: Lieber einen offenen Gegner, als einen schadenbringenden Neutralen. Unser Handel könnte Belästigungen ausgesetzt werden, die wir uns nicht gefallen lassen könnten; es könnte an uns auch versucht werden, was 1807 Dänemark widerfuhr. Daß allein aus solchen Gründen England im Jahre 1780 an Holland den Krieg erklärte, ist bekannt. Nur eine Flotte, mit deren Gegnerschaft England rechnen müßte, könnte unsere Neutralität sichern und uns die volle Freiheit unserer Entschlüsse wahren.

* * *

So ist also klar, was unsere Flotte zu leisten hat, wenn sie sein soll, was wir zu unserm gesicherten Bestehen, das will vor allem sagen zu unserer freien, von fremdem Belieben unabhängigen wirtschaftlichen Fortentwickelung unentbehrlich brauchen. Sie muß gegenüber jedem Feinde unsere Häfen bewahren können vor längerer Sperrung. Sie muß uns bündnisfähig machen für Mächte, die einen Seekrieg zu führen haben. Sie muß unter allen Umständen imstande sein, unsere Neutralität zu decken und uns in großen europäischen Konflikten die volle Freiheit des Handelns zu wahren. Das sind ihre großen Hauptaufgaben, deren Lösung wir fordern müssen als ein Volk, das nun einmal zu den leitenden Europas zählt, und das von der Stelle, auf die es durch unwiderrufliche Ereignisse gestellt worden ist, nicht weichen kann, ohne sich zu vernichten. Daß diese Aufgaben eine Schlachtflotte, und zwar eine allen Erfordernissen einer wirklichen Seeschlacht genügende Schlachtflotte, verlangen, ist selbstverständlich. Des älteren Pitt Ausspruch: „Der Verteidigungskrieg zur See ist der Vorläufer des sicheren Untergangs“ gilt auch insofern für Deutschland, als es wenigstens imstande sein muß, zum Angriff überzugehen, sobald die Gelegenheit günstig ist. Diese Aufgaben verlangen aber auch eine Anzahl tüchtiger Kreuzer. Unsere Handelsschiffe bedürfen auf der Fahrt eines gewissen Schutzes. Kapernde Kreuzer können ja nicht mehr Erfolge erringen wie zur Zeit der Alabama. Dampfer sind auf dem Weltmeer nicht wie vielfach die Segelschiffe auf gewisse Straßen angewiesen; man kann ihnen dort nicht wie den Seglern mit sicherer Aussicht auf Beute auflauern. Aber eines Geleits bedürfen sie von unsern Küsten zwischen Schottland und Norwegen hindurch in den Ocean. Denn in der Nordsee wird der Feind ihnen aufpassen, gleichviel ob er die Blockade aufrecht erhalten kann oder nicht. Sind unsere Schnelldampfer einmal draußen, dann mögen sie sich selber helfen. In einem Strauß mit England haben unsere eigenen Kaper, an denen wir es in einem künftigen Seekriege hoffentlich nicht fehlen lassen werden, übrigens keine geringere Aussicht auf Beute als die englischen. Eine aus Schlachtschiffen und Kreuzern zusammengesetzte Flotte, die diesen Erfordernissen genügt, entspricht auch all den Bedürfnissen, die im Verhältnis zu überseeischen Staaten an sie herantreten könnten, während wir mit unserer jetzigen Marine bei der Entwickelung der Seestreitkräfte asiatischer und amerikanischer Staaten in der That nicht sicher wären, überall unser Recht wahren und decken zu können. Sie würde auch das beste Mittel sein, Landungsversuche, die bei einem Kriege gegen zwei Fronten denn doch höchst gefährlich werden könnten, zu stören oder ganz unmöglich zu machen.

Was von den Plänen unserer Marineverwaltung bis jetzt bekannt geworden ist, hält sich durchaus innerhalb der hier gekennzeichneten Grenzen. In wohlerwogener Würdigung der Verhältnisse strebt es die Erreichung des Zieles nur allmählich an nach Maßgabe der Leistungsfähigkeit der heimischen Werften und der Möglichkeit, die erforderliche Mannschaft auszubilden. Derartigen Zielen gegenüber von uferlosen Plänen zu reden ist Demagogie. Es ist seiner Zeit das Wort gefallen, man müsse Preußen den Großmachtskitzel austreiben. Die gleiche politisch-historische Urteilslosigkeit, die aus dieser Bemerkung spricht, treibt jetzt wieder ihr Wesen in den Deklamationen gegen eine „Weltpolitik". Wir sind jetzt schon eine Weltmacht; unsere Interessen sind verzweigt weit über Europa hinaus. Dabei behält Bismarcks Wort über unsere Stellung zur Balkanpolitik seine volle Gültigkeit. Man kann Interessen haben und kann sie vertreten, ohne doch überall vorne dran zu sein. Daß aber der deutsche Kaufmann und der deutsche Schiffer überall hin ihrem friedlichen Gewerbe nachgehen können, das sind wir ihnen, das sind wir allen denen schuldig, denen sie unentbehrliche Bedürfnisse zuführen, deren Arbeiten sie über die Welt hin verbreiten, und das ist jetzt so ziemlich Gesamtdeutschland. Wir denken nicht daran, irgend ein Volk, und nun gar die Engländer, von der See zu vertreiben; wir wollen und dürfen aber auch uns nicht verdrängen lassen. In diesem Sinne treiben wir und müssen wir „Weltpolitik" treiben. Unwiderleglich lehrt die Geschichte, daß selbständige, die eigenen Interessen verfolgende Teilnahme am Welthandel nur errungen und gesichert werden kann durch politische Macht, und zwar durch Macht, die zur See verwendbar ist. Eine solche Macht zu schaffen, ist für ein Volk, das der Teilnahme am Welthandel nicht mehr entraten **kann**, unerläßliche Pflicht gegen sich selbst. Da handelt es sich nicht um „uferlose Pläne".

Eine vollständige Verkennung der Thatsachen liegt in der Auffassung, daß es sich eigentlich doch nur um Regierungspläne, ja um persönliche Liebhabereien unseres Kaisers handle. Nein, die Flottenfrage ist bitterböser Ernst für unser Volk, für unser ganzes Volk. Unser Reich paßt, wie es dasteht, ja manchem seiner Bürger nicht. Der eine findet dieses, der andere jenes zu bessern. Aber daß der Deutsche, auch der, der sich in der Opposition gegen die Regierung zu bewegen pflegt, mit ganz verschwindenden Ausnahmen nicht gewillt ist, unser Reich einfach wieder zerschlagen zu lassen, dafür geben doch Tage wie der der Landsturmsabstimmung unwiderlegliche Beweise. Artillerie- und Gewehrvorlagen sind hinausgerückt über den Kreis der Parteimeinungen. Daß es unsere Flotte nicht ist, bleibt für jeden, der sich mit dieser Frage eingehender beschäftigt, unverständlich, um so unverständlicher, als gerade eine Flotte lange Zeit ein Lieblingstraum des deutschen Volkes, vor allem auch der Süddeutschen war. Gerade von Württemberg und Baden her wurde der Gedanke schon 1817 am Bunde angeregt. Kaum eine Unthat ist dem alten

Bundestage so schwer angerechnet worden, als daß er die Flotte, welche die Begeisterung des Jahres 1848 geschaffen, unter den Hammer brachte. Man begreift nicht recht, wie gerade die linksstehenden Parteien, die doch sonst freier Entwickelung des Verkehrs lebhaft das Wort reden, sich engherzig verschließen können gegen Forderungen, deren vornehmster, ja ausschließlicher Zweck ist, unseren Handel verteidigen zu können. Gerade die Kreise, in denen sie Boden zu haben pflegen, werden ja in erster Linie gestärkt durch die Entfaltung unseres Verkehrslebens. Eine Politik aus großen Gesichtspunkten, die nicht allein auf den nächstliegenden Wahlerfolg hinarbeitete, würde das nicht übersehen. Sie würde durch solche Haltung beweisen, daß auch sie imstande ist, die Regierung der Nation in die Hand zu nehmen und ihre Gesammtinteressen zu vertreten. Denn das kann nur, wer ein Verständnis zeigt für die Aufgaben, die einem großen Volke und Staatswesen in unserer Zeit der Weltbeziehungen gestellt sind. Die Reichsverfassung gewährt dem deutschen Volke weitgehende Rechte; sie legt ihm aber auch Pflichten auf. Es kann heute nicht mehr wie in seligen Bundestagszeiten die Verantwortung auf seine monarchischen Leiter abwälzen. Es muß selbst ein Verständnis zeigen für die Bedingungen seines Seins, und es ist Pflicht seiner politischen Führer, dieses Verständnis zu wecken und zu fördern ohne Rücksicht auf die augenblickliche Stimmung der Wählermassen, denen sie gegenüberstehen. Sonst möchten Tage kommen, an denen es schrecklich offenbar würde, daß unser Volk ein Recht in Händen hielt, das es zu seinem Heile nicht zu brauchen verstand. Es wäre eine traurige Genugthuung, wenn dann unsere Regierungen dem deutschen Volke zurufen könnten: Tua culpa, tua maxima culpa.

* * *

Als Hauptargument gegen die Verstärkung unserer Flotte wird ihre Kostspieligkeit ins Feld geführt. Deutschland sei zu arm, zugleich sein großes Heer und eine verstärkte Flotte zu erhalten. Wie oft ist mit solchen Gründen die Unhaltbarkeit unserer Landmacht erwiesen worden. Man wird an Voltaires Wort erinnert: „In den blühendsten Zeiten kommen beständig Schriften heraus, um zu beweisen, daß das Reich zu Grunde gehe.“ Hat Preußen nicht durch sechzig und mehr Jahre gleiche und größere Heereslasten getragen als seit 1871 das Deutsche Reich, und ist es deshalb in seiner Entwickelung und seinem Wohlstand hinter dem übrigen Deutschland zurückgeblieben? Exakte Vergleiche der Wohlhabenheit der verschiedenen Völker sind ja schwer anzustellen. Aber einiges mag doch angeführt werden. Die amerikanische Münzstatistik berechnet den Münzvorrat Deutschlands auf 2835 Millionen Mark in Gold, 869 Millionen in Silber, auf 382 Millionen Gold, 458 Millionen Silber mehr als den Englands. Die Vereinigten Staaten besitzen fast dreimal so viel Silber, aber weniger Gold als Deutschland. Nur Frankreich ist um 428 Millionen Mark in Gold, 1198 Millionen in Silber überlegen. Nach dem dem letzten internationalen Kongresse für Statistik vorgelegten, im Auftrage ausgearbeiteten Berichte des Franzosen Alfred Neymarck betrug Deutschlands Vermögen an Wertpapieren 92 Milliarden Mark, das Frankreichs nur 80, Englands allerdings 182,6 Milliarden. Unser dem französischen wesentlich überlegener Warenhandel stellt zweifellos auch einen Besitzmesser dar. Die preußische Ergänzungssteuer hat für das Königreich einen steuerpflichtigen Vermögensbesitz von 64 Milliarden nachgewiesen, was, auf das Reich übertragen, für dieses gut 100 Milliarden ausmachen würde, gegen 2000 Mark auf den Kopf der Bevölkerung. Mindestens ein Drittel, wahrscheinlich fast die Hälfte dieser Summe beträgt das durchschnittliche Jahreseinkommen jedes Deutschen, die Marineausgaben dagegen 1896/97 im Ordinarium und Extraordinarium nur zwei Mark auf den Kopf der Bevölkerung. Gegenüber derartigen Zahlen muß die Behauptung, daß Deutschland nicht imstande sei, für seine Kriegsflotte größere Ausgaben zu machen, zunächst als völlig unerwiesen gelten. Als Gustav Adolf die niederdeutschen Fürsten und Städte anzuspornen suchte, den Vergrößerungsgelüsten Christians IV. von Dänemark entgegenzutreten, schrieb er an den Herzog Adolf Friedrich von Meklenburg: „Ein Schiff kann des Jahres nicht viel mehr kosten, als manch Bankett einem Euer Liebden unterweilen kostet, und wäre doch Euer Liebden mit einem mehr als mit dem andern gedient.“ Über die jammervolle Haltung dieser Fürsten- und Stadtstaaten, deren Schwäche den Dreißigjährigen Krieg heraufbeschwor, hat die Geschichte ihr Urteil gesprochen. Möchte die Nachwelt nicht Anlaß finden zu sagen, das deutsche Volk erlebte Jahre der Not und des Elends, weil es zwar alljährlich auf den Kopf 20 Mark für Bier, 4 für Branntwein, 3 für Tabak ausgeben konnte, für eine starke Seewehr aber nicht so viel aufzuwenden vermochte, wie sein letzter Arbeiter gelegentlich bei einer lustigen Zeche daransetzte. „Es ist eine kleinliche Ansicht, eine Ansicht, die bei einer großen Nation ins Lächerliche geht, wenn man die Kosten einer Marine als Grund anführt, ihren Seeverkehr schutzlos zu lassen,“ schrieb Friedrich List.

Der Franzose ist überzeugt, daß er an der Spitze der Civilisation marschiere, daß die Menschheit nur glücklich werden könne durch seine Kultur. Der Engländer glaubt, daß er „durch Vertretung seiner Interessen Licht verbreite unter den Völkern, die sonst in Dunkelheit wohnen". Das Volk der Dichter und Denker wird sich schwer verlieren in solche Einseitigkeit. Aber sollte es nicht auch Anlaß haben zu dem Glauben, daß seine Eigenart etwas wert sei im Völkergarten? Bedeutet denn seine Bildung nichts für die Kultur der Menschheit? Bei keinem Volke sind die Quellen, aus denen moderne Bildung entsprungen ist, so vollständig ineinander geflossen wie bei uns. Es giebt kein Volk, in dem Verständnis und Duldung für fremde Eigenart so tiefe Wurzel gefaßt hätten, Sinn für Recht und Billigkeit so weit verbreitet wären wie in unserem deutschen, wenige, in denen das Bedürfnis, Gesinnung und Handlung in Einklang zu bringen, so allgemein und stark wäre. Wir besitzen Institutionen, die aus unserer eigensten Art entsprungen sind, und auf die wir stolz sein können gegenüber dem Auslande. Unser Bildungswesen ist das entwickeltste der Welt. Mit unserer socialen Gesetzgebung schreiten wir allen anderen Völkern voran. Mag sie unsere Arbeiter noch lange nicht befriedigen, ein Schatz bleibt sie doch, dessen Wert auch sie nicht mehr leugnen würden, wenn sein Verlust drohte. In Reich wie Einzelstaaten besitzen wir einen Reichtum gemeinnütziger Anstalten, wie er sich nirgends wieder findet. Vergessen wir nicht, daß das alles beruht auf unserer Einheit und Stärke, daß unsere Blüte geknickt ist, wenn unsere Macht zerbricht. Seines Volkes Niedergang zieht auch den Letzten in Mitleidenschaft. Hoffen wir, daß diese Erkenntnis auch bei uns durchdringt, wie sie Engländer, Franzosen, Amerikaner besitzen, daß auch unser Volk in den weitesten Kreisen einsehen lernt, daß es nur eine Pflicht gegen sich selbst erfüllt, wenn es seine Weltstellung behauptet. Dringt diese Erkenntnis nicht durch, so müssen wir es willenskräftigeren Völkern überlassen, die Welt nach ihrem Sinne zu regieren. Engländer und Franzosen, Russen und Amerikaner schicken sich dazu an; von der Entscheidung über unsere Flotte wird es abhängen, ob auch wir neben ihnen stehen werden.

Die Mühlen der Geschichte mahlen langsam, aber sie mahlen sicher und gründlich. Wir sind groß und mächtig und auch reich und glücklich gewesen vor andern Völkern des Abendlandes. Wir sind dann klein und arm und verachtet geworden, ein Volk, das kümmerlich auf seiner Scholle saß und sich ducken mußte unter den Herrentritt stärkerer Nationen. Aber der unvergleichliche Reichtum geistigen und körperlichen Könnens, den uns ein gütiger Gott verlieh, hob empor aus drangvoller Not. Wir sind abermals ein Volk geworden, das selbst über seine Geschicke entscheiden kann, frei von Rücksicht auf die Fremden. Werden wir uns wirklich, wie der Franzose zu wissen glaubt, spalten in zwei Lager: hie Kaiser, hie Volk? Werden wir es thun in einer Frage, die doch wie eine die ganze Nation angeht, die den Arbeiter kaum weniger persönlich berührt als den Kaiser selbst? Geschähe es, die Geschichte würde harte Worte finden, die Kurzsichtigkeit und Parteiverbissenheit zu brandmarken. Was bedeuten in solcher Lage noch so berechtigte Mißstimmungen? Hier gilt es die eine große Sache, die unter den etwaigen Mängeln ihrer Vertretung nicht leiden darf. Hier gilt es, unserem Volke sein Recht auf die Zukunft zu wahren, die man ihm für alle Zeiten verkümmert, wenn man ihm zur See nur die Rolle des Geduldeten zuweist. Möge der Geist der Einsicht und Mäßigung, der selbstlosen Hingabe an die vaterländischen Pflichten die Beratungen lenken, denen Deutschland und die Welt mit Spannung entgegensehen, und deren Ausgang einen Markstein in unserer Geschichte bilden wird. „Eine Nation ohne Schiffahrt ist ein Vogel ohne Flügel, ein Fisch ohne Flossen, ein zahnloser Löwe, ein Hirsch an der Krücke, ein Ritter mit hölzernem Schwert, ein Helote und ein Knecht der Menschheit.“ „Wer an der See keinen Teil hat, der ist ausgeschlossen von den guten Dingen und Ehren der Welt, der ist unseres lieben Herrgotts Stiefkind.“ So schrieb vor mehr als einem halben Jahrhundert der Reutlinger Friedrich List. Wollte Gott, daß diese Erkenntnis bald Gemeingut unseres ganzen Volkes werden möchte. Dann wäre seine Zukunft auf festen Grund gebaut.

Pierer'sche Hofbuchdruckerei Stephan Geibel & Co. in Altenburg.

Zeitfracht Medien GmbH
Ferdinand-Jühlke-Straße 7
99095 Erfurt, Deutschland
produktsicherheit@kolibri360.de